PRIMAUTÉ PONTIFICALE
ET PRÉROGATIVES ÉPISCOPALES

BIBLIOTHECA EPHEMERIDUM THEOLOGICARUM LOVANIENSIUM
VOL. XVII

GUSTAVE THILS

PRIMAUTÉ PONTIFICALE ET PRÉROGATIVES ÉPISCOPALES

« POTESTAS ORDINARIA » AU CONCILE DU VATICAN

LOUVAIN
É. WARNY, ÉDITEUR

AVANT-PROPOS

Dans une interview qu'il accorda récemment au R. P. Wenger, rédacteur en chef de « La Croix », le cardinal Bea, président du Secrétariat pour l'union des chrétiens, rappelait aux chrétiens les points doctrinaux qui divisent les catholiques romains et les orthodoxes. « Quant aux Eglises orthodoxes, disait-il, l'obstacle le plus fort est un obstacle d'ordre doctrinal qui nous divise principalement en regard du dogme de la primauté du Saint-Père et celui de l'infaillibilité du Souverain Pontife. Ce sont aussi les dogmes définis après la séparation définitive de l'Eglise orthodoxe de Rome (1054). Il y a un autre problème connexe à la question de la primauté et c'est le problème des tâches propres à l'évêque en tant que tel. En effet, tant la fonction épiscopale que les tâches propres et spécifiques de cette fonction sont certainement voulues par le divin Fondateur de l'Eglise. Or, ces tâches ont été comprises et menées de façon différente au cours des deux millénaires de l'Eglise, en Orient et en Occident. En Orient, les évêques, avec les assemblées régionales appelées synodales, avaient et ont des fonctions très étendues. On comprend alors facilement que l'Orient tienne à conserver ce qui pourrait s'appeler en quelque sorte 'autonomie locale' ».

Ces désaccords doctrinaux peuvent s'expliquer du fait de divergences radicales et incontestables. Elles peuvent s'expliquer aussi du fait de certaines accentuations qui, elles, n'appartiennent pas au dogme lui-même, mais plutôt à son conditionnement historique, ou à sa systématisation théologique. Il y a quelques mois à peine, dans un article *Lo sviluppo della teologia nei Paesi di Missione*, l'*Osservatore Romano* (16 et 21 décembre) détaillait ces nuances théologiques, venant d'éléments propres aux diverses écoles : « Ces éléments peuvent dépendre 1° du théologien lui-même, c'est-à-dire de son tempérament, de sa culture, de son expérience, de son

histoire, etc. ; 2° du milieu où le théologien travaille, enseigne,
écrit, milieu qui peut avoir des caractéristiques philosophiques,
scientifiques, etc. ; 3° enfin la diversité peut venir de la diversité
des instruments conceptuels et philosophiques utilisés ».

Dans le cas des prérogatives pontificales définies au cours du
Concile du Vatican, la primauté et l'infaillibilité, on peut également
déceler des accentuations qui appartiennent plus à certaines écoles
de théologie qu'aux définitions conciliaires. Il suffit d'analyser en
détail la portée et le contenu de ces définitions pour s'en rendre
compte. Nous n'en voulons pour signe que l'étude qui suit. Elle
porte sur un point de rencontre entre la primauté pontificale et la
juridiction épiscopale. Mais nous croyons que tout examen attentif
de la pensée des Pères du Concile, telle qu'elle se manifeste dans
leurs discours et leurs observations, conduirait à des constatations
similaires. Et la nature de ces constatations, on pourra s'en rendre
compte aussi, pourrait réduire dans une certaine mesure les causes
de la désunion des chrétiens.

INTRODUCTION

La question de l'infaillibilité pontificale, qui a fait l'objet de débats passionnés avant et pendant le Concile du Vatican, a peut-être mis à l'ombre le problème de la primauté. Et bien à tort, semble-t-il ; car la doctrine de la primauté a reçu à ce moment, et avec la sanction dogmatique des Pères du Concile, un développement considérable et d'autant plus prégnant qu'il n'a pas été circonscrit avec tout le soin qui a été mis à préciser les conditions de l'infaillibilité.

Que s'est-il passé en effet à propos de l'infaillibilité ? Au point de départ, on rencontre des propositions enthousiastes et des oppositions érudites ou passionnées. La seule année 1869 voit paraître des documents historiques à ce sujet. La *Civiltà Cattolica* du 6 février 1869 publie un article fameux, et qui fait sensation à l'époque, parce qu'il fait allusion à l'éventualité d'une proclamation dogmatique de l'infaillibilité pontificale par acclamation [1]). De son côté, Doellinger vient de lancer son *Der Papst und das Konzil*. En septembre, Mgr Maret, évêque de Sura, fait paraître *Du Concile général et de la paix religieuse*, qui en impose par ses proportions et son érudition ; mais il est question aussi de sa mise à l'Index. Et le 11 novembre, Mgr Dupanloup, évêque d'Orléans, adresse à son clergé une *Lettre* intitulée *Observations sur la controverse soulevée*

---

[1]) Voici le texte de ce passage :
« I cattolici riceveranno con gioia la proclamazione del futuro Concilio » sull'infallibilità dommatica del Sommo Pontefice. Essa riuscirebbe indiret- » tamente ad annullare la famigerata Dichiarazione del 1682... Nessuno però » si dissimula che il Sommo Pontefice, per un sentimento di augusta riserba- » tezza, non voglia da per sè prendere l'iniziativa d'una proposizione che » sembra riferirsi a lui direttamente. Ma si spera che la manifestazione una- » nime dello Spirito Santo per la bocca dei Padri del futuro Concilio ecu- » menico, la definirà per acclamazione. » (*Coll. Lacensis*, VII, 1162ab).

» primauté pontificale. La concentration de la lutte autour de
» l'infaillibilité a masqué l'importance du fameux chapitre III
» de la constitution *Pastor aeternus*. En déclarant la juridiction
» du Pape sur chacune des Eglises « ordinaire, immédiate, épis-
» copale », le concile du Vatican n'innovait certes pas. Depuis
» le temps de Grégoire VII, les papes avaient revendiqué, par-
» fois avec une énergie extraordinaire, ce pouvoir quasi-absolu
» et quasi-discrétionnaire sur l'épiscopat. Les grands débats des
» XVᵉ et XVIᵉ siècles avaient amené le recul de ces idées. Pour
» s'être quelque peu renforcées au début du XIXᵉ siècle, elles
» n'avaient pas repris toute la force qu'elles avaient eue aux
» temps de la « monarchie pontificale ». On y revenait mainte-
» nant. Les années qui suivirent le concile allaient amener un
» renforcement de l'action directe du pape dans les diocèses
» et, tranchons le mot, de la centralisation pontificale. Le pro-
» blème de la conciliation des droits divins de l'épiscopat avec
» les droits divins du pape n'a malheureusement pu venir en
» discussion (cfr l'art. PRIMAUTÉ, t. XIII, col. 247 sq.). Une théo-
» logie bien équilibrée de l'Eglise réclame néanmoins que cette
» question soit posée, tout comme la vie pratique demande
» qu'en soient réglées les applications. Sera-ce l'œuvre d'un
» IIᵉ concile du Vatican ? C'est le secret de l'avenir. » [4]).

Les Pères du premier Concile du Vatican n'ont-ils rien fait à
ce point de vue ? Ils ont, nous l'avons dit, donné sur la nature de
la primauté des précisions d'une portée considérable. Mais préciser une doctrine, c'est habituellement terminer une discussion pour
en commencer une autre : les éclaircissements, s'ils satisfont l'esprit
dans certaines de ses exigences, lui font en même temps découvrir
de nouvelles difficultés. Et lorsque les Pères du Concile eurent défini que la juridiction pontificale est *episcopalis, immediata et ordinaria* et qu'elle s'exerce sur les pasteurs et sur les fidèles, sur l'ensemble de ceux-ci et sur chacun d'eux en particulier, ils étaient pleinement conscients d'avoir rendu plus actuel que jamais le problème de la conciliation des prérogatives pontificales avec les prérogatives épiscopales. Car la juridiction épiscopale est, elle aussi,

[4]) Tome XV, c. 2583.

dans le diocèse bien entendu, *episcopalis, immediata et ordinaria.*
Aussi, après avoir défini la nature de la juridiction pontificale :

« Docemus proinde et declaramus, Ecclesiam Romanam, dis-
» ponente Domino, super omnes alias ordinariae potestatis ob-
» tinere principatum, et hanc Romani Pontificis iurisdictionis
» potestatem, quae vere episcopalis est, immediatam esse : erga
» quam cuiuscunque ritus et dignitatis pastores atque fideles,
» tam seorsum singuli quam simul omnes, officio hierarchicae
» subordinationis veraeque oboedientiae obstringuntur, non so-
» lum in rebus, quae ad fidem et mores, sed etiam in iis, quae
» ad disciplinam et regimen Ecclesiae per totum orbem diffusae
» pertinent... » (D.-R., n. 1827),

les Pères s'accordèrent à rappeler que l'intégrité des deux juridictions devait être respectée :

« Tantum autem abest, ut haec Summi Pontificis potestas offi-
» ciat ordinariae ac immediatae illi episcopalis iurisdictionis
» potestati, qua episcopi, qui *positi a Spiritu Sancto* (cfr Act. 20,
» 28) in Apostolorum locum successerunt, tanquam veri pastores
» assignatos sibi greges singuli singulos pascunt et regunt, ut
» eadem a supremo et universali pastore asseratur, roboretur ac
» vindicetur, secundum illud sancti GREGORII Magni : 'Meus
» honor est honor universalis Ecclesiae. Meus honor est fratrum
» meorum solidus vigor. Tum ego vere honoratus sum, cum sin-
» gulis quibusque honor debitus non negatur'. » (D.-R., n. 1828).

Cette affirmation est précieuse, en ce sens qu'elle montre avec
évidence que les Pères du Concile ont remarqué le problème — la
lecture des Actes du Concile révèle que la discussion a été lancée
dès les débuts sur la difficulté qui nous occupe — et qu'ils ont au
moins voulu, sinon définir, du moins rappeler solennellement que
tout ce qui a été défini relativement à la juridiction pontificale ne
peut affecter en aucune manière la signification et les droits divins
de l'épiscopat.

Mais le « comment » de cette com-position, au sens étymolo-
gique du terme, resta sans explication au Concile. Et l'on comprend
les questions que se posait Mgr E. Amann, dans l'article cité plus
haut :

» Les qualificatifs donnés à la puissance pontificale : *plena, or-*
» *dinaria, immediata, episcopalis*, soulevaient les uns et les autres
» des difficultés. N'y avait-il pas lieu de préciser que le pouvoir
» du Pape était limité par diverses lois ? Quant aux épithètes
» *episcopalis, ordinaria, immediata*, ne prêtaient-elles pas à
» malentendu ? Y avait-il donc dans chaque diocèse une double
» juridiction épiscopale, immédiate et ordinaire, celle de l'évê-
» que et celle du Pape ? » [5]).

C'était d'ailleurs la question qu'avaient formulée de nombreux
Pères du Concile, ainsi que nous le verrons. Mais n'est-ce pas la
question qui se présente à l'esprit de tout théologien ? Si les deux
juridictions possèdent les mêmes caractéristiques dans leur application à un même domaine, et si néanmoins il faut leur conserver
à toutes deux leur authenticité et leur valeur propres, où faut-il introduire le distinguo qui s'impose inéluctablement ? [6]).

---

[5]) *Dictionnaire de théologie catholique*, t. XV, c. **2570**.

[6]) Sur l'ensemble de cette question, telle qu'elle se posa au concile du Vatican,
le P. UMBERTO BETTI, O. F. M. a résumé tout ce qui a été dit et discuté par les
Pères du concile, dans *Natura e portata del primato del Romano Pontefice secondo
il concilio Vaticano*, dans *Antonianum*, 1959, p. 161-244 et 369-408. Notre étude,
moins large que cet imposant bilan, permet de ce fait d'être parfois plus explicite
et de fixer avec plus de nuances l'opinion de certains Pères. Mais le travail de
dépouillement opéré par le P. Betti est vraiment considérable; tous les théologiens qui examinent la question de la primauté au concile du Vatican auront intérêt à s'y rapporter.

CHAPITRE PREMIER

LE SCHÉMA " DE ECCLESIA CHRISTI "

§ 1. État de la question

A. *SCHÉMA PRIMITIF*

Le 21 janvier 1870, les Pères du Concile reçurent pour avis le texte du premier schéma de la Constitution dogmatique *De Ecclesia Christi* [1]), dont voici l'aspect d'ensemble.

C. I. Ecclesiam esse corpus Christi mysticum ;

C. II. Christianam religionem nonnisi in Ecclesia et per Eccle-
      siam a Christo fundatam excoli posse ;

C. III. Ecclesiam esse societatem perfectam, spiritualem et
      supernaturalem ;

C. IV. Ecclesiam esse societatem visibilem ;

C. V. De visibili Ecclesiae unitate ;

C. VI. Ecclesiam esse societatem ad salutem consequendam
      omnino necessariam ;

C. VII. Extra Ecclesiam salvari neminem posse ;

C. VIII. De Ecclesiae indefectibilitate ;

C. IX. De Ecclesiae infallibilitate ;

C. X. De Ecclesiae potestate ;

C. XI. De Romani pontificis primatu ;

C. XII. De temporali sanctae Sedis dominio ;

C. XIII. De concordia inter Ecclesiam et societatem civilem ;

C. XIV. De iure et usu potestatis civilis secundum Ecclesiae
      catholicae doctrinam ;

---

[1]) Nous citerons d'après l'*Amplissima Collectio Conciliorum* de MANSI, L. PE-
TIT et J. B. MARTIN.

C. XV. De specialibus quibusdam Ecclesiae iuribus in relatione
ad societatem civilem [2]).

Suivent vingt-et-un Canons relatifs à chacun de ces chapitres [3]).

* * *

Mais venons en aux passages qui nous occupent, le chapitre XI
et le canon XVI.

Au chapitre XI, après avoir rappelé que le Seigneur a promis
et conféré à Pierre, directement et immédiatement, la primauté de
juridiction sur l'Eglise universelle, le schéma en vient au souverain
Pontife, dont il affirme la primauté de juridiction authentique ; puis
il précise :

> « ... et hanc, quae propria est iurisdictionis potestas [34], ordi-
> » nariam esse et immediatam, erga quam particularium ecclesia-
> » rum pastores atque fideles tam seorsum singuli quam simul
> » omnes officio hierarchicae subordinationis veraeque obedien-
> » tiae obstringuntur, ut... Ecclesia Christi sit unus grex sub uno
> » summo pastore. » (Mansi, 51, 544D).

Une deuxième, puis une troisième fois, le texte revient sur ce sujet :

> « Quare damnamus atque reprobamus eorum sententias, qui...
> » affirmant Romanorum pontificum iurisdictionem ordinariam et
> » immediatam [38] non esse tam in omnes simul quam in singu-
> » los seorsum particularium pastorum ecclesias...
> » Ex hac autem suprema, ordinaria et immediata tum in
> » ecclesiam universalem, tum in omnes et singulos particularium
> » ecclesiarum pastores et fideles potestate iurisdictionis conse-
> » quitur, Romano pontifici [39] necessarium ius esse, in huius
> » sui muneris exercitio [40] libere communicandi cum pastori-
> » bus et gregibus totius ecclesiae... » (Mansi, 51, 545AB).

Quant au canon correspondant, le Canon XVI, il est libellé comme
suit, avec renvoi à une note [65] :

> « Si quis dixerit, Romanum pontificem habere tantummodo
> » officium inspectionis vel directionis, non autem plenam et su-

---

[2]) Texte complet dans Mansi, 51, 539-551.
[3]) Texte complet dans Mansi, 51, 551-553.

» premam potestatem iurisdictionis in universam ecclesiam ;
» aut hanc eius potestatem non esse ordinariam et immediatam
» in omnes ac singulas ecclesias ; A. S. » (Mansi, 51, 552C).

Les *adnotationes* jointes au texte en donnent la portée et la signification.

L'*adnotatio* 34, après avoir rappelé que le Pontife Romain jouit d'une
vraie juridiction, stipule que celle-ci est ordinaire et immédiate,
contre ceux qui prétendent que :

« 2. eam esse extraordinariam tantum, non vero ordinariam
» iurisdictionis potestatem in omnes et singulas ecclesias : ita
» Eybelius in libro *Quid est papa ?* 'Una, inquit, hac praero-
» gativa, supplendi scilicet aliorum negligentiae, totam primatus
» ecclesiastici vim contineri, hortationibus et exemplis unitati
» conservandae consulendi'; et : '*Pontifices nihil posse in aliena*
» *dioecesi praeterquam extraordinario casu*'. » (Mansi, 51,
  601CD).

L'*adnotatio* 65 répète la même explication sur la portée du schéma :

« Tum ex illis alii negant 3. Romani pontificis // potestatem
» esse *ordinariam*, cum sit pro casibus tantum extraordinariis,
» ut aiunt, non ad greges pascendos, sed ad ordinis perturbati
» tutelam. » (Mansi, 51, 628D-629A).

Suivent, dans cette même *adnotatio*, des considérants : le Quatrième
Concile du Latran, la *Lettre* de Pie VI aux évêques allemands et
le Bref *Super soliditate* du même pontife :

« ... ex concilii Lateranensis IV, c. 5, quae sequuntur (Mansi,
» XXII, 990) : 'Antiqua patriarchalium sedium privilegia reno-
» vantes, *sancta universali synodo approbante*, sancimus, ut
» post Romanam ecclesiam, quae disponente Domino super
» omnes alias ordinariae potestatis obtinet principatum, utpote
» mater universorum Christi fidelium et magistra, Constantino-
» politana primum, Alexandrina secundum, Antiochena ter-
» tium, Hierosolymitana quartum locum obtineat'... ex Pii VI //
» litteris ad Germaniae metropolitanos c. 7 : 'Apostolica sedes
» *supra omnes episcoporum dioeceses* habet *ius ordinariae po-*
» *testatis*'; et illa ex eiusdem Pii VI brevi *Super soliditate* :
» ... 'qui dixerit... *vim primatus hac una praerogativa contineri*

» *supplendae aliorum negligentiae, prospiciendi conservationi*
» *unitatis hortationibus et exemplo* : Pontifices nil posse in aliena
» dioecesi praeterquam *extraordinario casu...* licitum sibi fe-
» cisse pontifices violandi iura episcoporum, reservandique sibi
» absolutiones, dispensationes, decisiones, appellationes, colla-
» tiones beneficiorum, alia uno verbo munia omnia, quae sin-
» gulatim recenset atque velut indebitas ac episcopis iniurio-
» sas reservationes traducit. » (Mansi, 51, 629C-630B).

Bref, les théologiens qui ont préparé le schéma ont voulu réagir
contre ceux qui limitent le droit d'intervention particulière du souverain pontife dans un diocèse aux cas extraordinaires, notamment
lorsqu'il s'impose de suppléer un évêque notablement déficient.
Sans doute y a-t-il, dans la façon de s'exprimer, une certaine ambiguïté. A lire l'*adnotatio 34*, on pourrait croire que ces auteurs parlent
d'un « pouvoir de juridiction extraordinaire » par opposition à un
« pouvoir de juridiction ordinaire ». L'*adnotatio 65* au contraire fait
allusion à une intervention pontificale dans des « cas extraordinaires », par opposition, semble-t-il, aux « cas ordinaires, habituels ».
Mais avant de pousser plus loin ces réflexions — importantes pour
les conclusions que nous tirerons de cette phase des débats conciliaires — voyons brièvement quelles étaient les idées des auteurs
visés par le projet de constitution.

B. *ERREURS VISÉES*

Quels sont ces auteurs ? Les considérants du schéma ne font
point mystère de leur nom. C'est Febronius, c'est Tamburini, c'est
Eybelius.

Joseph Valentin Eybel, né en 1741, mort à Vienne le 30 juin
1805, est connu avant tout par sa carrière de canoniste. Il fut en
effet professeur de droit canonique à l'université de Vienne depuis
1773. Excommunié en 1779 à cause de ses théories pour le moins
erronées, il occupa des postes civils à Linz et à Innsbruck. Son *In-
troductio in ius catholicorum*, en 4 volumes, Vienne, 1777-1779, fut
mis à l'Index en 1784. Son opuscule intitulé *Was ist der Papst ?*,
publié en 1786 lorsqu'on eût annoncé la visite de Pie VI à Vienne,

est un pamphlet mince et malveillant, qui fut mis à l'Index en 1786. La pertinence de certaines de ses remarques est ruinée par le ton déplaisant de l'ensemble [4]).

Et voici un passage de ce pamphlet, qui fait mieux comprendre le propos des théologiens du concile [5]) :

« ... Comment dans cès derniers siècles le Pape a pu passer pour
» ce qu'il n'est pas. O mes concitoyens ! Premièrement : les
» Papes ont entrepris bien des choses extraordinaires et n'ont
» fait que suppléer çà et là ce qui échappait à la négligence des
» évêques ; ce qui dès lors fit croire à bien des gens qu'ils
» avaient exercé en cela un pouvoir souverain. Secondement :
» plusieurs n'ont considéré que ce que les Papes ont fait, sans
» examiner le droit qu'ils en avaient. Troisièmement, les
» Eglises d'Occident étant entretenues par l'entremise des Evê-
» ques de Rome dans une même communion avec les Eglises
» d'Orient, quelques-uns finirent par conclure que le pouvoir
» d'admettre dans la communion ou d'en retrancher appartenait
» au Pape de Rome. Quatrièmement : plusieurs confondaient
» aussi les droits de l'Evêque de Rome considéré comme Pa-
» triarche avec ceux de la Papauté... » (p. 27-28).
Les griefs défilent, jusqu'au « treizièmement ».

Eybel ne nie point que le Pape jouisse dans l'Eglise d'une pré-éminence réelle. Et, malgré les outrances des théologiens, dit-il,

« cette prééminence est pourtant bien fondée, autant qu'elle
» ne s'étend point au delà du droit de suppléer à la négligence
» des autres, d'avoir soin particulièrement d'entretenir l'union
» dans l'Eglise, de tenir la main aux règlements ecclésiastiques,
» et de servir de modèle aux autres Pasteurs. Une telle préémi-
» nence ne porte préjudice ni aux Souverains, ni aux Evêques,
» et est fort utile dans l'Eglise... S'il arrive donc que dans
» quelque cas de nécessité, cet amour exige qu'un Evêque rem-
» plisse dans une juridiction étrangère les devoirs entièrement
» négligés par un autre Evêque, de quelle nécessité et de quelle

---

[4]) Sur J. V. Eybel, voir la courte notice de N. GRASS, dans *Lexikon f. Theol. u. Kirche*, t. 3, c. 1324-1325.
[5]) Nous citons d'après la traduction française: *Qu'est-ce que le Pape ?* trad. par Mr. Deschamps de Saucourt, 2e édit., Vienne, 1782.

» utilité n'est-il pas qu'il y en ait un qui soit obligé de veiller à
» ce que chacun satisfasse à ses devoirs, et à ce que l'union soit
» toujours bien maintenue ? » (p. 44-45).

Puis, Eybel résume ses théories :

« En un mot, les deux principes certains que voici restent tou-
» jours immuables. Premièrement : tout ce que certaines gens
» croient ne pouvoir être accordé et donné que par le Pape,
» soit qu'il s'agisse de sacre ou de juridiction spirituelle, peut
» être accordé et donné par chaque Evêque avec la même vertu,
» le même pouvoir et la même utilité. Secondement : le Pape
» ne peut exercer aucune juridiction dans le diocèse d'un autre,
» hormis dans le cas extraordinaire que des Archevêques ou des
» Evêques y auraient négligé le maintien de l'union ou d'autres
» devoirs de pasteur. » (p. 46).

Pour être complet, citons enfin ces mots qui sont, chez Eybel, comme
une conclusion à ses considérations sur la venue de Pie VI à Vienne :

« Il vient donc, ou comme Prince étranger, et dans ce cas nous
» savons comment on reçoit des Princes étrangers ; ou comme
» Evêque, et pour lors nous savons aussi que des Evêques
» étrangers ne viennent pas empiéter sur les droits de l'Evêque
» du lieu ; puisque, hors d'un cas de nécessité, le Pape, même
» comme Pape, ne peut entreprendre sur les prérogatives d'au-
» cun Evêque, ni le gêner dans ses droits et dans ses honneurs. »
(p. 53-54).

Pierre Tamburini (1737-1827) joua en Italie un rôle parallèle à
celui de Eybel en Autriche. Né à Brescia, Pierrre Tamburini devint
professeur de théologie au Séminaire de sa ville natale. Après une
douzaine d'années d'enseignement, certaines de ses idées le ren-
dirent suspect auprès de son évêque. Mais il trouva protection à
Rome auprès du cardinal Marefoschi, si bien qu'il devint directeur
des études au Collège des Irlandais. Sa véritable carrière allait cependant commencer lorsqu'il fut nommé professeur de théologie
morale à l'Université de Pavie. Marie-Thérèse, Joseph II, Léo-
pold II ne lui ménagèrent pas les honneurs : sans doute ses idées leur
convenaient-elles assez bien ; et notamment ses idées à l'endroit de

l'autorité hiérarchique [6]). Déjà dans ses polémiques pro-jansénistes,
Tamburini avait été amené à rejeter l'autorité infaillible de l'Eglise.
Mais c'est surtout dans *Vera idea della S. Sede*, Pavie, 1784, que
l'on trouve comme un relevé de toutes les erreurs de son temps à
l'endroit de la Papauté [7]). Un jésuite, Vincent Bolgeni, y répondit
dans *Esame della vera idea della S. Sede*, Plaisance, 1784, ouvrage
qui connut plusieurs rééditions.

Dans *Vera idea della S. Sede*, P. Tamburini traite du Saint-
Siège, dont il décrit les éléments constitutifs et les droits essentiels.
L'erreur fondamentale qui serait à lui reprocher, semble-t-il, dans
la question qui nous occupe, consisterait plutôt à dénier au Souverain Pontife et au Saint-Siège le droit d'intervenir *immédiatement*
dans un diocèse particulier, et c'est lui notamment qui doit être visé
par l'*immediata* des décrets conciliaires. Le passage suivant illustre
assez bien ses idées :

« ... que le Pape n'a point, en vertu de sa primauté, de juridic-
» tion immédiate et particulière dans les diocèses des autres
» évêques ; mais que celle-ci // est spécialement réservée à
» l'épiscopat dans les diocèses respectifs. De là suit que le
» Pape ne peut exercer hors de son diocèse aucun acte de juri-
» diction immédiate, comme, par exemple, conférer les béné-
» fices, lorsque ce ne serait pas en vertu de conventions et de
» concordats, qui dans le temps auraient été faits avec Rome ;
» ou comme juger en première instance une cause née sur les
» lieux. Ceci est un droit qui appartient à l'évêque propre sui-
» vant l'ordre primitif et le caractère naturel de l'épiscopat. C'est
» pour cela que l'Eglise de France ne reconnaît point les décrets
» de Rome qui renferment la clausule du *motu proprio*, et elle
» ne reçoit les constitutions et les bulles des Papes, si elles ne
» sont acceptées, par voie de jugement, de la part des propres
» évêques... » [8]).

[6]) Sur Tamburini, voir la notice bio-bibliographique de J. CARREYRE, dans
Dict. Théol. Cathol., t. XV, c. 30-34. Ajouter: GIOV. MANTESE, *Pietro Tamburini
e il giansenismo bresciano*. Brescia, 1942.

[7]) Nous citerons d'après la traduction française : *Vraie idée du Saint-Siège*,
Paris, 1819.

[8]) *II* Partie, Chapitre 2, § 11; o. c., p. 272-273.

Mais il est impossible de s'en tenir à la question de l'intervention immédiate du Pape dans un diocèse particulier sans toucher en fin de compte au problème de la rencontre de deux pouvoirs s'appliquant à un même domaine. Tamburini ne nie point le droit d'intervention directe du Pape dans un diocèse ; mais, pour lui, l'exercice de ce droit est soumis à des normes très précises et assez restrictives, comme bien l'on pense. Il écrit à ce propos :

> « La primauté n'excluant pas la juridiction épiscopale, celle-ci
> » ne peut être troublée par le Pape... L'administration de chaque
> » diocèse appartient à chaque évêque exclusivement. Ce que le
> » Pape peut faire dans son district, chaque évêque a le droit de
> » le faire dans le sien. Chaque évêque tient de Jésus-Christ le
> » pouvoir de gouverner son église selon les règles ; et il n'est
> » responsable qu'envers Dieu de son autorité, à moins qu'il ne
> » se rende coupable de quelque délit, ou de la violation des
> » canons ; parce qu'en ce cas il peut être soumis, comme nous
> » le verrons, au droit de la primauté du Pape, exercé suivant
> » les formes canoniques... » [9]).

Tamburini insiste toujours sur cette même norme : les canons, les usages, les coutumes, les accords particuliers. Ainsi, à propos des réserves,

> « Les évêques... ne reconnaissent aucune réserve au Pape, à
> » l'exception de celles qui sont établies par les canons et par
> » les coutumes légitimes, du consentement des évêques ou pour
> » des raisons particulières » [10]).

C. GENÈSE ET HISTOIRE DU SCHÉMA

Mais d'où vient ce schéma De Ecclesia ? Une brève réponse à cette question permettra déjà, jusqu'à un certain point, d'en connaître la portée. Et c'est dans ce but uniquement, et sans prétendre donner une histoire complète du schéma De Ecclesia, que nous présentons les notes qui suivent [11]).

---

[9]) IIe Partie, Chapitre 2, § 9; o. c., p. 264-265.
[10]) O. c., p. 266.
[11]) Le P. Fidelis Van der Horst, O. F. M. Cap. (Udenhout, Pays-Bas) prépare un mémoire de doctorat ayant pour objet l'histoire du schéma De Ecclesia soumis aux Pères du Concile.

La préparation doctrinale du concile du Vatican fut assurée
par diverses commissions travaillant sous l'autorité d'une congrégation centrale, *Congregatio directrix* [12]). C'est la commission théologico-dogmatique qui nous intéresse. Placée sous la présidence du
cardinal Bilio [13]), elle comportait au début une douzaine de membres,
dont J. Perrone, J.-B. Franzelin, Cl. Schrader, Fr. Hettinger, A. Guidi, J. Cardoni [14]). Certains disparurent, comme Phil. Cossa, mort le
7 novembre 1868 ; d'autres vinrent s'y ajouter, tel Ch. Gay, alors
chanoine de Poitiers. C. Santori, chanoine de S. Maria *ad Martyres*,
fut choisi comme secrétaire. La commission se réunit cinquante-sept
fois, de septembre 1867 à décembre 1869. Quelques membres de la
commission constituèrent un « comité théologique restreint », appelé
Deputatio specialis, qui tint quinze séances [15]).

Au cours de la première réunion, le 24 septembre 1867, il fut
décidé que le *Syllabus* servirait de point de départ aux travaux.
Celui-ci fut divisé en diverses sections, à partir desquelles chacun
des membres élaborerait un schéma doctrinal. C'est ainsi que la
section « rationalisme » fut confiée à Franzelin, tandis que Perrone
traiterait de l'Eglise, Cossa, du pontife Romain, le thème de l'infaillibilité papale étant toutefois confié à Cardoni [16]).

Deux mois plus tard, le 28 novembre 1867, à la deuxième
séance, les consulteurs commencèrent la discussion du rapport de
Perrone sur l'Eglise et ses droits : *De Ecclesia eiusque iuribus* [17]).
Nous ne pouvons faire l'histoire détaillée de cette discussion [18]). Elle

---

[12]) Sur la composition de ces commissions, cfr *Elenchus Consultorum Con-*
gregationis directricis et commissionum particularium dans Mansi, 49, 465-476.

[13]) Le cardinal L. Bilio (1826-1884), barnabite, fut nommé président de cette
commission le 23 août 1867 (Mansi, 49, 619A). Cfr I. PICA, *Le cardinal Bilio bar-*
nabite, un des présidents du Concile du Vatican (1826-1884), Paris, 1898.

[14]) Pour les noms avec indications biographiques, voir Mansi, 49, 467-469.

[15]) Les rapports de ces réunions et séances se trouvent consignés dans Mansi,
49, 619-736. La Députation spéciale était formée de quatre consulteurs : Franzelin, Schrader, Petacci et Santori (Mansi, 49, 626CD).

[16]) Voir Mansi, 49, 619C-622D.

[17]) Cfr *Acta Consultorum... A-2a. — De ecclesia eiusque iuribus. Votum Ioan-*
nis Perrone societatis Iesu, 19 pag. (Mansi, 49, 737A).

[18]) Les rapports des séances que nous allons signaler ci-après se trouvent dans
Mansi, 49, 619-736. On les retrouvera aisément.

occupa la 2ᵉ séance (28-11-1867), où il fut question de l'institution, de la nature et de la constitution de l'Eglise ; la 3ᵉ séance (12-12-1867), consacrée aux propriétés et aux notes de l'Eglise ; la 4ᵉ séance (19-12-1867), qui eut pour objet son indéfectibilité et son infaillibilité ; la 5ᵉ séance (30-12-1867), où l'on discuta de ses pouvoirs et de ses droits.

Il fut décidé que la Députation spéciale retravaillerait le rapport dans le sens fixé par la Commission, et en union avec Perrone. Elle tint à cet effet plusieurs réunions au courant du mois de janvier (Mansi, 49, 628CD). Ce nouveau rapport *De Ecclesia* [19]) fut discuté à la 6ᵉ séance de la commission théologico-dogmatique (5-3-1868). La discussion se poursuivit pendant la 7ᵉ séance (12-3-1868) et la 8ᵉ (26-3-1868), pour s'achever — provisoirement — à la 9ᵉ (2-4-1868). La Députation spéciale termina ce travail dans ses 2ᵉ et 3ᵉ réunions, le 20 avril et le 4 mai 1868 [20]). C'est à ces pages que l'on se référera pour juger du stade où en était l'élaboration du schéma de Perrone. Tous les thèmes étaient répartis en quelque neuf paragraphes : l'Eglise, Corps mystique, religion chrétienne, société, visibilité, unité, nécessité de salut, indéfectibilité, infaillibilité, pouvoirs. Ainsi achevé, le schéma *De Ecclesia Christi, expositio doctrinae et errorum* fut présenté à la 12ᵉ séance de la commission théologique, le 7 mai 1868, et adopté. Enfin, au cours de la 15ᵉ séance, le 4 juin 1868, eut lieu l'

« ... ultima et definitiva correctio schematis de Ecclesia Christi » quod refertur in actis sub littera A-2c » (Mansi, 49, 641D) [21]).

* * *

C'est alors que, à la 29ᵉ réunion, le 14-1-1869, débuta la discussion *De Romano pontifice*, qui nous intéresse tout particulière-

---

[19]) Dans les *Acta consultorum...* A-2b. — *De ecclesia Christi. Expositio doctrinae et errorum futuri concilii patribus exhibenda*, 12 pag. (Mansi, 49, 737A).

[20]) Voir dans Mansi, 49, 633-634, 637-638.

[21]) On y trouve (Mansi, 49, 737A) la mention de ce document: A-2c. — *De ecclesia Christi. Capita doctrinae et canones* (mense maio 1868), 14 pag.. Signalons, en plus, quelques discussions relatives au thème *Extra ecclesiam nulla salus* dans la 38ᵉ séance, du 1-4-1869 (Mansi, 49, 683A-684D) et dans la 43ᵉ séance, le 21-5-1869 (Mansi, 49, 700AC).

ment. Ce thème — hormis la question de l'infaillibilité, confié à
Cardoni — avait été élaboré par Ph. Cossa, décédé le 7 novembre
1868. Avec le rapport de celui-ci, deux autres furent proposés sur
le même sujet, un rapport de F. Hettinger et un autre, moins étendu,
de J. Perrone [22]. Ces mémoires formant un ensemble de plus de
160 pages, le P. Schrader en fit un résumé, qui fut soumis à la discussion [23] ; celle-ci se prolongea jusqu'à la 30ᵉ réunion, le 21-1-
1869 [24]. Au cours de celle-ci, le 14 janvier, les membres s'exprimè-
rent à diverses reprises sur leurs intentions. Faut-il, dans la lutte
contre les erreurs gallicanes, aller au delà de ce qui a été fait par le
passé ? :

« ... prudentia maxima hic opus esse, et sedulo inquirendum
» utrum in ordine ad doctrinas gallicanas necessarium aut oppor-
» tunum sit aliquid constituere ultra illud quod ecclesia huc
» usque agendum esse iudicavit. » (Mansi, 49, 665B).

Huit jours plus tard, le 21 janvier, est examiné un passage du projet,
soulignant que la juridiction pontificale est indépendante, non seulement par rapport aux canons, mais « etiam moribus et institutis ».
Des membres firent remarquer que :

« ... quoad haec ipsa verba, tollendum id quod invidiam parere
» quodammodo posset, cum non impossibile esset calum //

[22] Ces documents se trouvent dans les *Acta consultorum* de la commission
théologico-dogmatique, signalés par Mansi, (49, 738D), et désignés par les sigles
A-8a, A-8b et A-8c.
  « A-8a. — *De natura et iuribus primatus Romani pontificis*. Votum Philippi
        canonici Cossa (mense augusto 1868), 92 pag.
  » A-8b. — *De Romano pontifice eiusdemque iuribus*. Votum Francisci Leo-
        nardi Hettinger, Herbipolensis (mense augusto 1868), 61 pag.
  » A-8c. — *De Romano pontifice*. Votum Ioannis Perrone, S. I. (mense au-
        gusto 1868), 21 pag. ».
[23] « R. P. Schrader... breve quoddam eorumdem votorum compendium dedit, quod una cum iis propositum est, et examini directe subiectum » (Mansi, 49,
664B). Sous le sigle A-8d, les *Acta consultorum* de la commission théologico-
dogmatique signalent: — (Schrader) *De Romano pontifice. Errores notandi* (mense
ianuario 1869), 8 pag. (Mansi, 49, 738D).
[24] Le rapport de ces réunions nous donne les réactions des consulteurs sur
un texte qu'il faudrait avoir devant soi pour en comprendre la portée (Mansi, 49,
663D-667A).

» niando concludere, nos, dum liberam et independentem Ro-
» mani pontificis auctoritatem asserimus, arbitrariam hoc ipso
» facere. » (Mansi, 49, 666D-667A).

Trois mois plus tard, le 22 avril 1869, au cours d'une réunion de
la Députation spéciale, F. Hettinger présenta un rapport déjà plus
concis que celui qu'il avait proposé auparavant. Bien qu'il ne com-
portât que 14 pages, il fut encore jugé trop long [25]). Le 10 juin 1869,
à la 45ᵉ séance de la commission théologico-dogmatique, un nouveau
schéma, divisé en paragraphes — dont le premier « incipit a verbis
Pastor aeternus » — fut exposé et discuté [26]).

Au cours de cette séance, les consulteurs s'arrêtèrent au passage « et hanc ordinariam et immediatam ». Les erreurs visées sont
caractérisées comme suit : certains affirment que l'exercice du pouvoir universel des Pontifes Romains est lié par les lois et les usages
des Eglises particulières. Or, le pouvoir pontifical ne peut être lié.
Mais en est-il de même de l'exercice de ce pouvoir ? Peut-on dire
que, de fait, cet exercice est limité, fût-ce par la fin du pouvoir qui
est l'« aedificatio Ecclesiae » ? Ou bien faut-il dire que, même
lorsque le Pape n'exerce pas son pouvoir pour ce motif, c'est parce
qu'il estime qu'il doit tenir compte de celui-ci, et non parce que
l'exercice du pouvoir pontifical est lié ? Voici, tel qu'il se présente,
le passage du compte rendu de cette séance :

« Pagina 6, linea 13 ii damnantur qui in Romanis pontificibus
» universalis potestatis exercitium ecclesiarum particularium legi-
» bus vel usibus ligari docent ; notatum est autem potestatem
» in ecclesiae ipsius aedificationem esse, unde nihil vetare posse
» quominus dicamus, ipsa manente exercitium ligari aliquando.
» Ad difficultatem vero tollendam dici posse ʼaut in Romanis
» pontificibus universalem potestatem ecclesiarum particularium

---

[25]) « Dein propositum est schema decreti *De Romano pontifice*, quod a
reverendissimo domino Hettinger exaratum est, et refertur in Actis sub littera
A-8i. Unanimis fuit omnium sententia, nimirum : totum decretum in singulis
partibus contrahi opus esse » (Mansi, 49, 696AB). Les *Acta* A-8i signalent en
effet: « (Hettinger) *De Romano pontifice eiusdemque iuribus. Capita doctrinae et
canones* (mense aprili 1869), 14 pag. » (Mansi, 49, 739A).

[26]) Ce rapport est signalé dans les *Acta consultorum*: « A-8l. — *Decretum de
Romano pontifice, secunda forma*, (mense maio 1869). 7 pag. » (Mansi, 49, 739A).

» legibus vel usibus ligari'. Fuit tamen qui animadverterit non
» de potestate quaeri utrum ecclesiarum particularium legibus
» vel usibus ligari possit, sed de exercitio tantum : potestatem
» ligari non posse // omnes admittunt, errorem de quo hic agi-
» tur exercitium respicere, et nullo modo dici posse exercitium
» ligari. Siquidem potestas utique in aedificationem est, at pon-
» tificis est iudicare quando exerceri debeat, et quando ab exer-
» citio sit abstinendum. Quod si aliquando ratione legum aut
» usuum ecclesiarum particularium potestatem non exercet, hoc
» non ideo fit quia exercitium eius ligatur, sed quia ipse iudicat
» exerceri eam in aedificationem non posse. » (Mansi, 49,
    707CD) [27]).

* * *

La commission théologique a élaboré quatre constitutions :
I. *Contra errores hac aetate ex rationalismo derivatos.* — II. *Decre-*
tum et Canones de ecclesia Christi. — III. *Decretum et Canones de*
Romano pontifice [28]). — IV. *De matrimonio christiano* [29]). A la de-
mande de la *Congregatio Directrix*, le cardinal Bilio chargea les
rédacteurs de lui en faire un résumé [30]). Finalement, l'essentiel du
Décret *De Romano pontifice* fut annexé au Décret *De Ecclesia*
Christi, où nous le retrouverons comme chap. XI et canons 14, 15
et 16. Le 20 octobre, le Décret fut distribué aux membres de la
Congregatio Directrix [31]). Il y fut lu par le cardinal Bilio au cours

[27]) Au cours de cette même réunion, un des consulteurs fit remarquer que
l'expression pouvoir *médiat* de Pape pouvait avoir un sens acceptable, puisque,
de fait, le Pape exerce *aussi* son pouvoir universel par l'intermédiaire des évêques
(Mansi, 49, 708C).

[28]) Le *Decretum et canones de Romano pontifice tertia forma* (mense augusto
1869), 40 pag. est signalé sub littera A-8o dans Mansi, 49, 739A.

[29]) La doctrine du mariage fut longuement débattue par la commission théologico-dogmatique.

[30]) Ce résumé est consigné dans les *Acta consultorum* sub littera A-16a et est
intitulé *Brevis expositio doctrinae capitum quae continentur in schemate constitu-*
tionum sacro oecumenico concilio Vaticano proponendarum, 23 pag.. On le
trouvera dans Mansi, 49, 739C-750A.

[31]) « Il giorno 20 ottobre 1869 fu distribuito agli eminentissimi e reverendissimi signori componenti la congregazione direttrice lo schema di decreto *De*
ecclesia ristampato coll' aggiunta di parecchie note illustrative ». (Mansi, 49, 731C).
C'est le document A-3g. — *Decretum et Canones de ecclesia Christi* (mense octobri
1869), 139 pag. (Mansi, 49, 737B).

de deux réunions, les 26 et 29 octobre 1869, et, avec quelques remarques minimes, fut approuvé [32]).

D. *AMBIANCE ET ÉTAT DES ESPRITS*

Pour comprendre et mesurer à leur juste valeur les remarques
que feront les Pères sur le silence du schéma *De Ecclesia* concernant les prérogatives épiscopales, il faut rappeler certains épisodes
de l'histoire du Concile. Les discussions, passionnées ou modéra-
trices, qui en ont précédé l'ouverture, ont eu pour objet premier
la question de l'infaillibilité. Or, pour les commissions pontificales
qui avaient été chargées de la préparation du Concile, le problème
premier était tout autant d'extirper toutes les formes ou traces de
gallicanisme. En ce sens, Mgr Ginoulhiac, évêque de Grenoble,
avait très bien perçu la portée des débats conciliaires, lorsqu'il
écrivait, dans une lettre datée du 23 avril 1867 :

> « Ne sait-on pas que la grande pensée qui anime le pontificat
> » de Pie IX est de profiter du concours si extraordinaire que
> » lui fournissent les événements de l'état actuel de l'Europe,
> » pour abattre les derniers restes du gallicanisme ? » [33]).

De fait, dès l'ouverture du Concile, divers faits rappelèrent aux
Pères que la question de la primauté pontificale était prédominante.
Ils suscitèrent chez maints évêques un réflexe d'auto-défense, le
souci de sauvegarder leurs prérogatives épiscopales. D'où une certaine suspicion peu propice au déroulement serein des débats.

* * *

Dès la Séance présynodale du 2 décembre, lorsqu'ils prirent connaissance de la Constitution pontificale *Multiplices inter* — fixant
l'ordonnance générale du Concile — certains Pères avaient froncé
les sourcils [34]).

---

[32]) Voir Mansi, 49, 609D-610A.
[33]) Archives du Séminaire de Saint-Sulpice, dans F. MOURRET, *Le Concile
du Vatican d'après des documents inédits*, Paris, 1919, p. 42.
[34]) Texte de la Constitution dans Mansi, 49, 1271C-1278C.

Le second paragraphe concerne les matières qui seront traitées au Concile. Le Souverain Pontife demande aux Pères de proposer en toute liberté ce qui leur paraîtra utile au bien de l'ensemble de l'Eglise. Mais, après avis de la Commission constituée à cet effet, c'est lui seul qui décidera s'il y a lieu d'en discuter au Concile [35]).

Aucun des Pères ne protesta contre le fait que le Pape ait décidé d'établir lui-même l'ordonnance du Concile ; de telles assises appellent un ordre, et même un ordre assez nettement déterminé. Mais les termes employés eurent certainement pour effet d'indisposer certains d'entre eux, dès les débuts, en leur donnant l'impression que leur liberté d'intervention serait par trop limitée. Les discussions furent vives, ainsi qu'en témoignent les *Souvenirs* de personnes ayant pris part aux discussions conciliaires [36]).

[35]) « Licet ius et munus proponendi negotia, quae in sancta œcumenica synodo » tractari debebunt, de iisque patrum sententias rogandi nonnisi ad nos, et » ad hanc apostolicam sedem pertineat, nihilominus non modo optamus, sed » etiam hortamur, ut si qui inter concilii patres aliquid proponendum ha- » buerint, quod ad publicam utilitatem conferre posse existiment, id libere » exequi velint. Cum vero probe perspiciamus hanc ipsam rem, nisi congruo » tempore et modo perficiatur, non parum necessario conciliarium actionum » ordini officere posse, idcirco statuimus eiusmodi propositiones ita fieri de- » bere, ut earum quaelibet 1. scripto mandetur, ac peculiari congregationi » nonnullorum, tum venerabilium fratrum nostrorum sanctae Romanae Eccle- » siae cardinalium, // tum aliorum synodi patrum a nobis deputandae pri- » vatim exhibeatur; 2. publicum rei christianae bonum vere respiciat, non » singularem dumtaxat unius vel alterius dioecesis utilitatem; 3. rationes » contineat, ob quas utilis et opportuna censeatur; 4. nihil prae se ferat, quod » a constanti Ecclesiae sensu, eiusque inviolabilibus traditionibus alienum sit. » Peculiaris praedicta congregatio propositiones sibi exhibitas diligenter ex- » pendet, suumque circa earum admissionem vel exclusionem consilium nostro » iudicio submittet, ut nos deinde matura consideratione de iis statuamus, » utrum ad synodalem deliberationem deferri debeant. » (Mansi, 49, 1273BC).

[36]) M. Icard, directeur au Séminaire Saint-Sulpice, a tenu un journal du 21 novembre 1869 au 19 juillet 1870 sous le titre *Journal de mon voyage et de mon séjour à Rome* (Archives Saint-Sulpice). Aussi lira-t-on avec intérêt la première réaction de ce canoniste pondéré et plutôt enclin à la conciliation, devenu théologien de Mgr Bernadou, archevêque de Sens. Il écrit, à la date du 2 décembre :

« Ce règlement ne m'a pas paru offrir de difficultés sérieuses qu'en ce qui » concerne le // paragraphe *De jure proponendi*. Il y a là des choses très » graves. — I. On refuse en principe aux évêques le droit d'initiative. — II. Ce » droit qu'on leur accorde par bienveillance, ils ne peuvent l'exercer que

Mais tous les Pères n'avaient pas la modération de M. Icard. Si beaucoup d'entre eux ne faisaient aucune réflexion sur ce sujet, certains ne cachaient pas leur mécontentement. A la date du 11 décembre, M. Icard écrit :

> « ... Visite au cardinal de Bonnechose ; nous y avons trouvé
> » l'Evêque d'Evreux... Nouvelles conversations sur le malheu-
> » reux Règlement, objet de tant de critiques... » [37]).

Emu par les discussions qui se prolongeaient sur la « liberté du Concile », Pie IX, le 20 février 1870, apporta quelques modifications au Règlement. Il proclama hautement la pleine liberté des débats conciliaires :

> « ... integram servando eam discussionum libertatem, quae
> » catholicae ecclesiae episcopos deceat,... » (Mansi, 51, 13D).

Mais il déclara en même temps que les Présidents des Congrégations générales — qui avaient été nommés par lui — auraient le droit de mettre aux voix, sur la proposition de dix Pères, la clôture de la discussion, au cas où celle-ci se prolongerait outre mesure. Enfin, il décida que tout vote serait définitif quand il aurait réuni la majorité des suffrages exprimés :

> « 13° Suffragia tum super emendationibus, tum super singularum
> » partium textu ita a patribus concilii ferentur, ut praesides dis-
> » tinctis vicibus ad surgendum invitent primum eos qui emen-
> » dationi vel textui assentiuntur, deinde eos qui contradicunt :
> » recensitis autem suffragiis, id decernetur, quod maiori patrum
> » numero placuerit. » (Mansi, 51, 14D).

» *privatim*. — III. Ils ne peuvent le faire porter que sur des points qui ne
» s'écartent pas du droit général. — IV. La congrégation spéciale qui re-
» cevra ces communications ne sera pas formée par le Concile, mais par le
» Pape, qui se réserve, à lui seul, de décider si la cause sera ou ne sera
» pas déférée au Concile.
   » Il est probable que plusieurs évêques se croiront blessés de ce que le
» Concile ne forme pas au moins lui-même la commission à laquelle devront
» être remis les demandes et projets dont les Pères prendraient l'initiative,
» et par suite ils ne puissent rien proposer au Concile que ce qui aura préala-
» blement l'agrément du Pape. » (*Journal*, p. 19-20).
[37]) *Journal*, p. 39.

Il n'en fallait pas plus pour raviver les discussions. En se contentant de la majorité simple au lieu de l'unanimité morale, disaient les Pères de la minorité, on veut simplement brimer la minorité, sans craindre de contredire les traditions les plus anciennes des assemblées conciliaires :

« Pour combattre cette dernière disposition, Mgr Hefele et
» Mgr Ketteler en appellent au passé. Ils constatent que, dans
» la plupart des anciens conciles, on a tenu à ne proclamer
» aucun dogme qu'en s'appuyant sur l'unanimité morale des
» votes. (Il en était autrement pour les questions de discipline).
» Mais cet usage reposait-il sur une nécessité juridique ou sur
» une considération morale, sur une simple règle de prudence ?
» Des brochures sont publiées dans un sens et dans l'autre. De
» longues lettres sont échangées entre les Pères. Des polémiques
» s'engagent dans la presse. Il serait fastidieux de raconter tous
» ces débats. Ils se poursuivent quelque temps sur un ton très
» correct quoique très vif. » [38]).

Néanmoins, ici aussi, l'apaisement se fit bientôt.

* * *

Mais revenons au Règlement du 2 décembre. D'après le paragraphe 7, quatre Commissions ou Députations ont été créées, dont le président a été nommé par le Pape : la Députation de la Foi, que présiderait le cardinal Bilio ; celle de la discipline, avec comme président le cardinal Capalti ; celle des ordres religieux, ayant le cardinal Bizzari comme président ; enfin, celle des rites orientaux et des missions, que présiderait le cardinal Barnabó. Et chacune de ces Commissions devait compter 24 membres, choisis parmi les Pères du Concile :

« Quaevis ex praedictis congregationibus seu deputationibus nu-
» mero patrum quatuor et viginti constabit, qui a concilii patri-
» bus per schedulas secretas eligentur. » (Mansi, 49, 1276D).

---

[38]) F. MOURRET, *Le Concile du Vatican d'après des documents inédits*, 1919, p. 143-144. Il cite *De l'unanimité morale dans les conciles*, Naples, 1870, 52 p. et V. STECCANELLA, *Adversus novam doctrinam de necessitate unanimitatis episcoporum theologica dissertatio.*

Les discussions recommencèrent lorsqu'il fallut choisir les 24 membres de la Députation de la Foi, celle à laquelle il appartiendrait d'examiner les textes des décrets dogmatiques, et notamment - car tout le monde savait qu'on devait y arriver - le texte de la définition de l'infaillibilité pontificale. Deux groupes s'affrontent : celui de la minorité, dont le leader est Mgr Dupanloup ; celui de la majorité, menée par le cardinal Manning. Les évêques français sont divisés : les uns, plus indépendants, se réunissent chez le cardinal Mathieu, archevêque de Besançon ; les autres, plus « romains », tiennent des réunions chez le cardinal de Bonnechose, archevêque de Rouen. Les discussions sont parfois très vives. Diverses listes de noms sont établies et propagées. Finalement, les Pères procédèrent à l'élection, et il se fit que tous les élus étaient des partisans de l'opportunité de définir l'infaillibilité. C'est d'ailleurs sur ce sujet que s'était faite l'élection.

D'où un nouveau malaise, et d'autant plus aigu que d'aucuns ont cru déceler l'intervention des autorités conciliaires dans la préparation des listes. Il est impossible de reprendre ici l'histoire de cet incident [39]). Le cardinal de Angelis a-t-il proposé une liste pour se la faire remettre après approbation ? ou la proposition vint-elle d'un groupe de Pères de différents pays ? Voici, au dossier de ce débat, quelques mots du *Journal* de M. Icard, au 17 décembre :

> « L'évêque de Poitiers ne conteste pas la confection des listes
> » lithographiées communiquées aux évêques des diverses na-
> » tions, sous la direction du cardinal de Angelis, de Patrizi, etc...
> » Seulement, il déclare n'y avoir eu aucune part lui-même. » [40]).

* * *

Il y avait aussi le paragraphe huitième du Règlement, lequel stipule que, pour l'en-tête des décrets conciliaires, on s'en tiendra à la formule suivante : « *Pius Episcopus, Servus Servorum Dei, sacro approbante Concilio, ad perpetuam rei memoriam* ». Or, les

[39]) Voir Th. GRANDERATH, *Histoire du Concile du Vatican*, trad. franç., t. II, p. 89-94.
[40]) *Journal*, p. 48.

Pères étaient accoutumés à la formule du Concile de Trente : *Sacrosancta Synodus decernit...* D'où, le 30 décembre, une longue et vibrante intervention de Mgr Strossmayer, évêque de Bosnie [41]. Celui-ci proposa de reprendre le genre de formule introductoire du Concile de Trente :

> « Haec Sacrosancta oecumenica et generalis Tridentina Syno-
> » dus, in Spiritu Sancto legitime congregata, in ea praesidenti-
> » bus tribus Apostolicae Sedis legatis... » (D.-R., n. 782).

En fait les deux formules ont été employées au cours de l'histoire et leur usage est soumis à certaines règles. Lorsque le Pape assiste au Concile, les décrets sont publiés en son nom, *sacro approbante Concilio*. « C'est l'usage ancien », fit remarquer Mgr Hefele. Mais lorsque le Pape n'assiste pas au Concile, comme à Trente, la formule *Sacrosancta Synodus decernit* prévaut [42].

[41] Mansi, 50, 139B-142D. Réplique du card. Capalti, Mansi, 50, 142D-143C. Mgr J.-G. Strossmayer (1815-1905), par son long épiscopat à Djakovo en région croate de la Yougoslavie, fut une des figures marquantes de l'Assemblée conciliaire. Leader culturel des pays méridionaux de langue slave, très préoccupé de l'union entre latins et orientaux, il défendit les prérogatives épiscopales avec ardeur et éloquence, captivant les membres de la majorité par son excellente latinité et les provoquant à la fois par sa manière de critiquer les décrets. Cfr Dr Andrija SPILETAK, *Biskup J.-J. Strossmayer na vatikanskom saboru*, Zagreb, 1929 et Dr FERDO ŠIŠIĆ, *Korespondencija Rački-Strossmayer*, 4 vol. Zagreb, 1928-1931 (le chanoine Rački fut l'ami intime de Mgr Strossmayer). Voir R. SCHUTZ, art. *Strossmayer*, dans *Dict. Théol. Cathol.*, t. XIV, c. 2630-2635.

[42] En avril 1869, la *Congrégation directrice*, dont Hefele faisait partie, fit savoir à la Commission théologico-dogmatique que cette formule devait être employée dès ce moment dans la rédaction des projets de décrets. Cette formule,
> « quae in anteactis conciliis occurrit, cum Romani pontifices per se praeside-
> » bant: nimirum ut omnia sanctissimi domini nostri nomine fiant, sacro appro-
> » bante concilio. Ut vero quae a commissione theologico-dogmatica parata iam
> » sunt ad eam formulam reducantur. » (Mansi, 49, 696A; voir aussi 49, 695D).
La *Congrégation directrice* avait d'ailleurs étudié diverses questions de forme dans deux rapports: de Hefele et de Sanguineti (*Coll. Lacensis*, VII, 1077-1100). C'est Hefele qui expliqua encore aux Pères du Concile le bien-fondé de cette formule introductoire.

Mgr Ch.-J. Hefele (1809-1893), étudia la théologie à Tubingue (1827-1832), y enseigna plus tard l'histoire ecclésiastique (1836). Il fut appelé en novembre 1868 au sein de la Commission Directrice pour sa connaissance de l'histoire conciliaire: il avait en effet commencé la publication de sa *Conciliengeschichte* en 1855. Le 17 juin 1869, il fut élu évêque de Rottenbourg. Au concile, il fut un

Il n'y avait donc pas lieu de s'alarmer outre mesure. Les évêques
de la minorité devaient éviter de donner à ce texte une portée qu'il
n'a point ; tout comme, mais dans un autre sens, les Pères de la
majorité.

* * *

Ce n'est pas tout. Pendant les discussions fébriles qui précé-
dèrent le choix des 24 membres de la Députation de la Foi, deux
bulles pontificales furent publiées.

La Bulle *Cum Romanis pontificibus*, du 10 décembre 1869, fixe
le mode d'élection d'un nouveau Pape, au cas où le Pontife régnant
viendrait à mourir pendant le Concile. L'élection du nouveau Pape
se fera, décrète la Bulle, par le collège des cardinaux, à l'exclusion
de tous autres électeurs, alors même que le concile leur aurait donné
le mandat d'élire le Pape :

> « ... electio novi summi pontificis, in quibuscumque statu et
> » terminis concilium ipsum subsistat, nonnisi per sanctae Ro-
> » manae Ecclesiae cardinales fieri debeat, minime vero per ip-
> » sum concilium, atque etiam omnino exclusis ab eadem elec-
> » tione peragenda quibuscumque aliis personis cuiusvis, licet
> » ipsius concilii, auctoritate forte deputandis, praeter cardinales
> » praedictos. » (Mansi, 49, 1280C).

Il n'en fallait pas plus, évidemment, pour voir là un nouveau geste
de méfiance à l'égard de l'épiscopat, bien que, pour le fond, cette
Bulle n'innove pas [43].

Le 14 décembre, le Pape publie la Bulle *Apostolicae Sedis*
(datée du 12 octobre), sur la législation des censures [44]. Il parut
étrange à certains, voire légèrement vexant, de voir réformer ainsi
une partie du droit pénal pendant un Concile - alors que des questions disciplinaires allaient être examinées - sans donner aux Pères
l'occasion d'intervenir.

des plus tenaces adversaires de l'infaillibilité (et non seulement de l'inopportunité) ;
mais il se soumit en mars 1871. Cfr A. HAGEN, *Hefele und das Vatikanisches
Konzil*, dans *Theol. Quartalschr.*, 123 (1942), 222-252.

   [43]) La Constitution est publiée dans Mansi, 49, 1279B-1282C.

   [44]) Cfr *Acta Sanctae Sedis*, 5 (1869), 287-312.

M. Icard y fait plusieurs fois allusion. Ainsi, à la date du 22 décembre, il écrit :

« L'apparition de cette Bulle datée du mois d'octobre, mais qui
» n'a été communiquée aux Pères qu'après l'ouverture du Con-
» cile, en a blessé plusieurs, à deux points de vue. D'abord
» parce qu'il paraît étrange qu'une affaire de cette nature qui
» intéresse moins les prérogatives du Saint-Siège que l'état de
» l'Eglise, soit traitée et résolue, sous les yeux du Concile, et
» sans sa participation ; et en second lieu, parce que l'observa-
» tion de la Bulle est impossible. Comment veut-on, par exem-
» ple, que l'on considère comme excommuniés, tous les ma-
» gistrats et les législateurs, qui obligent les clercs à comparaître
» devant les tribunaux ? » [45]).

De nouveau, le comportement de la curie romaine pouvait s'expliquer et se justifier ; mais il eut été sans doute possible d'éviter
ce qui pouvait être considéré par une partie des Pères comme vexa-
toire, ou du moins peu aimable.

§ 2. Observations et débats

L'intention des théologiens qui ont préparé le schéma est manifeste. Ils désirent que les Pères du Concile déclarent et même dé-
finissent que la juridiction du Pape est authentique, « épiscopale »,
immédiate et ordinaire. Juridiction *authentique*, et non seulement
un droit d'inspection, voire de direction. *Episcopale*, et donc com-
portant un pouvoir de magistère, de ministère et de gouvernement
de même nature que celui qui est propre à l'épiscopat ; et donc
pas « primatiale » ou de ce genre. *Immédiate*, c'est-à-dire pouvant
s'exercer directement à l'égard de tous les fidèles et de chacun
d'entre eux, sans devoir nécessairement passer par l'évêque du lieu.
Ordinaire, enfin. Mais en quel sens ? Concernant la portée de ce
dernier terme, il y a eu, semble-t-il, un certain flottement.

Le terme « ordinaire » peut être employé selon deux acceptions
différentes. Un pouvoir ecclésiastique est appelé *ordinaire* par op-

[45]) *Journal*, p. 45.

position à *délégué*. En ce cas, pouvoir ordinaire signifie pouvoir « adnexum officio », tel celui de l'évêque dans son diocèse, du curé dans sa paroisse. Mais un pouvoir ecclésiastique peut s'exercer *ordinarie*, par opposition à « in casibus extraordinariis ». En ce cas, pouvoir ordinaire, ou plus exactement « exercice ordinaire du pouvoir » vise un exercice quotidien, relatif à toutes les nécessités et à tous les cas se présentant habituellement, « ordinairement », dans un diocèse par exemple.

Les auteurs visés par le Concile tendent à limiter le droit d'intervention du Souverain Pontife dans un diocèse aux « cas extraordinaires », ce qui est assez précis, et dans les termes, et du fait des exemples qui illustrent le principe. Mais il leur arrive de parler aussi d'un « pouvoir extraordinaire », en vertu duquel le Pontife romain pourrait précisément intervenir dans des « cas extraordinaires ». Or cela, ce « pouvoir extraordinaire », est, à parler strictement, un non-sens. L'intervention en des cas « extraordinaires » a pour fondement un « pouvoir ordinaire », c'est-à-dire « adnexum officio ». Mais ces distinctions n'ont pas été assez fortement soulignées dès le début des discussions. Heureusement, peut-être, puisque cela nous permet de voir comment les Pères du Concile ont compris cette expression et comment ils ont réagi à son introduction dans le projet de Constitution *De Ecclesia*.

Les Pères du Concile, c'est d'abord les évêques de la majorité [46]) comme les Manning, Dechamps, Pie, Gasser, et aussi Mgr Pecci, archevêque de Pérouse, le futur Léon XIII. C'est aussi le groupe d'évêques français appelé « tiers-parti » [47]) qui se réunissait chez le cardinal de Bonnechose, archevêque de Rouen, dans le

---

[46]) Nous employons les expressions « majorité », « minorité », en raison de leur utilité pratique: il est malaisé, en effet, de parler des Pères « favorables à une définition de l'infaillibilité » et des Pères « estimant qu'il est inopportun de définir l'infaillibilité ». Mais les expressions « minorité » et « majorité », tout comme « tiers-parti », ont des résonances d'ordre politique et parlementaire qui conviennent mal à l'œcuménicité dogmatique de l'épiscopat réuni en Concile.

[47]) Lire à ce sujet R. AUBERT, *Documents concernant le tiers-parti au Concile du Vatican*, dans *Abhandlungen über Theologie und Kirche. Festschrift für Karl Adam*. Düsseldorf, Patmos-Verlag, 1952, p. 241-259.

but de trouver une voie moyenne dans les discussions, surtout en ce qui concerne la formulation des textes présentés à l'Assemblée conciliaire. C'est encore, bien sûr, les évêques de la minorité, les Strossmayer, Schwarzenberg, Rauscher, Dupanloup, Hefele, Haynald, Ginoulhiac, et d'autres que l'on rencontrera plus loin. La minorité était naturellement très sensible à tout ce qui aurait pu, de loin ou de près, porter atteinte aux prérogatives des évêques ; elle était composée de Pères particulièrement doués, même en ce qui concerne la langue latine ; elle comptait dans ses rangs des prélats représentant des sièges épiscopaux d'importance considérable, comme Vienne, Prague, Paris. Elle eut ainsi le rôle ingrat de formuler diverses observations sur les schémas ayant trait à la primauté pontificale, afin que ceux-ci soient précisés quant à la forme et quant à leur portée doctrinale. Ici également, mais de manière moins poussée que dans le cas de l'infaillibilité, les interventions de la minorité exercèrent une influence incontestable sur la rédaction finale des décrets.

Les remarques faites par les Pères concernant le texte des dix premiers chapitres du schéma et celui du chap. XI avec le canon XVI occupent de nombreuses colonnes de Mansi [48]). Notre intention première étant de nous rendre compte de la pensée doctrinale des Pères plutôt que de refaire jour après jour le tableau de leurs interventions, nous exposerons leurs idées en suivant un ordre systématique ; l'ordre strictement historique conduirait à des répétitions fastidieuses et inutiles à notre propos.

A. *LA DOCTRINE DE L'ÉPISCOPAT*

Le décret *De Ecclesia* a suscité, tout d'abord, une réaction générale et vraiment unanime : la Constitution *De Ecclesia*, disent les Pères, rappelle explicitement et en les soulignant toutes les prérogatives pontificales ; mais, en même temps, elle néglige d'exposer,

---

[48]) Voir *Synopsis analytica observationum quae a Patribus in prima decem capita schematis Constitutionis* De Ecclesia *factae fuerunt*, Mansi, 51, 731-930 et *Synopsis analytica observationum quae a Patribus in caput et canones de Romani pontificis primatu factae fuerunt*, Mansi, 51, 929-972.

voire de mentionner, les évêques, leur place organique dans l'Eglise, leurs pouvoirs, leurs droits. Sur ce point, tous les Pères sont d'accord. Ils se sont exprimés à ce sujet, avec diverses nuances, lors de la discussion de l'ensemble du schéma. Ils ont répété leurs observations, et avec les mêmes arguments, à l'occasion de la discussion du chapitre XI et des canons qui s'y rapportent.

Lors des discussions qui concernent les dix premiers chapitres du schéma, de nombreuses voix regrettent que les rédacteurs du projet aient vraiment négligé de rappeler les éléments essentiels de la doctrine de l'épiscopat. Mgr P. Dinkel, au nom de quelque vingt-cinq évêques d'Europe centrale - Cologne, Munich, Prague, Bosnie, etc., - fait simplement remarquer qu'il est difficile de voir dans ce schéma un exposé des principaux chapitres de l'ecclésiologie, et notamment des pouvoirs ecclésiastiques [49]). Mgr A. Allou, évêque de Meaux, au nom de dix-sept évêques français, insiste à son tour pour que l'on ajoute un chapitre *de episcopis* rappelant l'institution, la dignité et les droits des évêques [50]). Trente évêques de la région de Naples, par la bouche du cardinal Riario Sforza déclarent qu'il serait nécessaire de parler du magistère de l'Eglise dispersée et également de l'Eglise réunie au Concile [51]). Les expres-

---

[49]) « ... ecclesiae organismum minime ita exponi, ut vere dici possit 'potiora » capita catholicae doctrinae de ecclesiae natura, *proprietatibus ac potestate* » *exponi* '. » (Mansi, 51, 734C).
Mgr Pancrace Dinkel (1811-1894), év. d'Augsbourg en 1848, fit une intervention remarquée au Concile du Vatican concernant le *Petit catéchisme*, contre le projet d'unification. Il n'était pas favorable à l'opportunité d'une définition de l'infaillibilité. Mais il signa la Lettre Pastorale de Fulda (septembre 1870) et, le 15 novembre 1870, il envoya au cardinal Schwarzenberg une lettre détaillée et très intéressante sur ses idées à ce sujet (voir dans Th. GRANDERATH, *Histoire du Concile du Vatican*, trad. franç., vol. 5, p. 197-201). Sur ce prélat, cfr J. G. FUSSENECKER, *Pankratius, Bischof von Augsburg*, Donauwörth, 1883.
[50]) « ... 2° capitulum integrum de *episcopis*, in quo definiantur eorum divina » institutio, dignitas ac iura; cuius capituli locus et forma a plenaria Depu- » tatione determinentur. » (Mansi, 51, 738D).
Mgr Allou (1839-1884) fut pourtant « du nombre des évêques qui, au lieu de s'attarder dans les doctrines gallicanes, se montrèrent le plus attachés au Saint-Siège ». (E. G. LEDOS, *Allou (Mgr Aug.)*, dans *Dict. Biogr. Franç.*, t. II, 240-241).
[51]) « ... videri necessarium esse ut etiam agatur de magisterio ecclesiae tum » dispersae tum in concilium congregatae. » (Mansi, 51, 823C).

sions *Ecclesia dispersa* et *Ecclesia coadunata* étaient employées
à cette époque plus fréquemment qu'aujourd'hui ; et il est regret-
table qu'elles aient été délaissées. Quant à l'Italie centrale, elle
s'exprime brièvement et nettement par la bouche du cardinal Pecci,
archevêque de Pérouse, lequel demande d'ajouter au décret « aliquid de episcopis », à moins évidemment qu'il en soit question
autre part ex professo [52]).

Il faudrait parler du Corps de l'Eglise, insiste Mgr J.-B. Callot,
évêque d'Oran, et singulièrement des évêques [53]). Car, hormis le
Souverain Pontife, précise Mgr Dubreuil, il n'est pas question des
différents *ordines* de la hiérarchie : « quod nec fas est, nec decet » [54]). Lorsqu'on lit ce schéma, déclare Mgr Maret, le gouvernement de l'Eglise paraît être purement et simplement « monarchique »,
sans aucun tempérament venant de la place de l'épiscopat ; car il
n'est guère fait mention des évêques. Or, s'il est utile et heureux
dans la situation actuelle de l'Eglise qu'on exalte les droits du Saint-
Siège, il ne faut pas hésiter à rappeler aussi les droits des évêques,
lesquels ne sont pas moins nécessaires au bon gouvernement de
l'Eglise [55]). Il faudrait donc traiter de ceux que l'Esprit Saint a placés
pour gouverner l'Eglise de Dieu, dit le cardinal Schwarzenberg, qui
signale avoir vainement cherché dans le schéma un exposé de la

---

[52]) « ... aliquid de episcopis, nisi alio in schemate de illis sermo fiat. » (Mansi,
51, 740A). Il s'agit du futur Léon XIII, et non de son frère, qui deviendra également évêque et cardinal.

[53]) « Expedit itaque, ut seorsim dicatur de corpore ecclesiae, de eius par-
» tibus, et speciatim de episcopis; ubi etiam decreta de eorum iuribus con-
» dantur. » (Mansi, 51, 741D).
Sur Mgr Callot voir M. PREVOST, *Callot J. B.*, dans *Dict. Biogr. Franç.*, t. VII,
909.

[54]) « ... de aliis vero hierarchiae ecclesiasticae ordinibus nihil, 'quod nec fas
» est, nec decet'. » (Mansi, 51, 743B).

[55]) « Legenti schema oblatum regimen ecclesiasticum apparet ut pure et sim-
» pliciter monarchicum, et nullo modo ex aristocratia temperatum. Namque
» mentionem nullam quidem facit de hierarchia ecclesiastica, de origine et
» iuribus episcoporum... Character ille [monarchicum temperatum] eccle-
» siae Christi praefulgere debet praesertim hodiernis temporibus, in quibus,
» si utile et iucundum est attollere iura summi pontificis, pigere non debet
» saltem in memoriam revocare episcoporum iura, non minus necessaria ad
» bonam ecclesiae gubernationem. » (Mansi, 51, 916C).

hiérarchie divinement instituée [56]). Ce silence est blessant, déclare
Mgr Lyonnet, évêque d'Albi, il est à peine excusable [57]).

Il n'est même pas question des « conciles généraux », notent
certains Pères. Bien des évêques ont été fort étonnés, dit Mgr De-
voucoux, évêque d'Evreux, de ne trouver dans le schéma aucun
chapitre ni sur l'épiscopat ni sur les conciles généraux [58]). C'est
pourquoi, il propose d'en élaborer un qui serait placé après le chapitre X [59]). C'était également l'avis de Mgr Ramadié, évêque de Per-
pignan [60]), de Mgr Gastaldi, évêque de Saluces, en Piémont [61]), et
de Mgr Ginoulhiac, évêque de Grenoble [62]). Ce chapitre, Mgr La

---

[56]) « ... ut speciatim etiam de missione et iurisdictione illorum tractaretur,
» quos salvo Petri inter apostolos primatu *Spiritus sanctus posuit episcopos*
» *regere ecclesiam Dei.* » (Mansi, 51, 733C).
Mgr Schwarzenberg (1809-1885), d'abord archevêque de Salzbourg (1836), devint
cardinal en 1842 et fut nommé archevêque de Prague en 1850. Il fut mêlé aux
problèmes théologiques (gunthérianisme) et politiques (Autriche-Bohême) de son
temps. Il était considéré comme un des leaders de la minorité de l'Europe centrale. Il ne prit pas part au vote du 18 juillet, mais adhéra à la définition et
publia les décrets du Concile en janvier 1871. Voir, entre autres, sur cette phase
de sa vie, Th. GRANDERATH, *Histoire du Concile du Vatican*, trad. franç., t. 5,
p. 223-228.
[57]) « Quod vero maxime mentem offendit, esse adeo altum silentium de
» iuribus et praerogativis episcoporum, ut vix excusari possit, atque fidelibus
» merito postulare liceat, an episcopi casu quodam suppressi sint. » (Mansi,
51, 740B).
[58]) « Nonnuli episcopi obstupuerunt cum viderint, nullum in schemate *De
» ecclesia* existere caput, ubi expresse agatur de episcopatu et conciliis gene-
» ralibus. In capitibus secundo et decimo, nec non in canone undecimo, sunt
» revera verba quaedam, unde induci potest, episcopos esse successores apos-
» tolorum, ideoque pastores esse et doctores quibus ius competit Christi
» ecclesiam docendi et regendi, cum potestate legifera, iudiciaria et coercitiva
» seu administrativa. Sed haec sufficere non videntur in constitutione tam so-
» lemni, ubi in quindecim capitibus tam fuse disseritur de ecclesia et eius
» regimine. » (Mansi, 51, 919CD).
[59]) Mansi, 51, 743C.
[60]) Cfr Mansi, 51, 741C.
[61]) Cfr Mansi, 51, 742C. Et pourtant, Mgr Gastaldi (1815-1883), archevêque de
Turin, « sostenne magistralmente l'infallibilità pontificia » (S. SOLERO, *Gastaldi*,
dans *Dizion. Eccles.*, t. II, p. 26).
[62]) Cfr Mansi, 51, 842AD. Mgr J.-M.-A. Ginoulhiac (1806-1875), évêque de
Grenoble depuis 1853. Mécontent de la manière dont les documents étaient ré-
digés et discutés, il devint un des membres les plus actifs de la minorité. Il
n'assista pas à la séance du 18 juillet 1870, mais se soumit le 16 août. Entretemps,

Tour d'Auvergne, archevêque de Bourges, le composa sous le titre *De conciliis generalibus* [63]).

Bien plus, certains Pères proposèrent un schéma entièrement nouveau, où il est traité des évêques ex professo, parfois même, comme dans le projet de Mgr Ketteler, dans un chapitre spécial. On possède ainsi, dans les documents officiels, un projet de Mgr Ketteler [64]), un autre de Mgr Moreno [65]). Mgr Melchers et Mgr Tarnóczy marquèrent leur préférence pour le projet de Mgr Ketteler [66]).

* * *

Les Pères profitèrent de la discussion ouverte sur le chapitre XI et les canons annexes pour redire leurs regrets de ne pas trouver d'exposé relatif aux prérogatives épiscopales. Certains nous sont connus par leurs observations relatives aux dix premiers chapitres du schéma. Ils tiennent néanmoins à rappeler leurs desiderata. Les évêques allemands et hongrois se font insistants. Il n'échappera à aucun lecteur qu'il manque un exposé de la puissance épiscopale, rappelle le cardinal Schwarzenberg, archevêque de Prague [67]), avec

---

il avait été préconisé archevêque de Lyon (27 juin), et y fut intronisé le 11 août. Cfr E. MANGENOT, art. *Ginoulhiac J.-M.-A.*, dans *Dict. Théol. Cathol.*, t. VI, c. 1371-1373.

[63]) Ce projet (voir Mansi, 51, 816AD) commence par ces mots :
« Omnibus notum est, concilia generalia, legitime congregata atque cele-
» brata, in maximo honore apud Christi fideles semper extitisse ; siquidem
» suprema pollent auctoritate, tum ad profligandos errores, tum ad definien-
» das fidei christianae veritates, tum ad statuendas generales disciplinae re-
» gulas, quibus obligantur etiam particulares ecclesiae. » (Mansi, 51, 816A).

[64]) Mansi, 51, 863-872, avec un c. XI, *De episcopis*. Mgr W.-E. Ketteler (1811-1877), dont le nom est lié au mouvement social catholique, devint évêque de Mayence en 1850. Il favorisa les démarches de la minorité. Cfr W. GEIGER, *Ketteler*, Fribourg-Br., Herder, 1933 et F. VIGENER, *Ketteler. Ein deutsches Bischofsleben*, Munich, 1924. Dans sa liste annotée des Pères du Concile, Mgr Dupanloup le considérait comme *dubius* plutôt que comme *pro nobis*.

[65]) Mansi, 51, 893-902, avec un c. VIII, *De ecclesiae potestate*, où il parle des évêques.

[66]) Voir Mansi, 51, 735A et 51, 734D.

[67]) « Nullus iam erit ingenuus decretorum considerator vel lector, qui non
» lacunam animadvertat, qua tota *episcopalis* ordinis potestas // et iurisdictio
» praetermissa fuit. » (Mansi, 51, 930D-931A).

Mgr Grimardias, évêque de Cahors [82]), Mgr J. Vancsa, archevêque
de Fogara [83]), Mgr J. Jirsik, de Butweis [84]), Mgr L. Haynald, archevêque de Kalocsa (Mansi, 51, 938A). Ce dernier parlait au nom
d'autres évêques hongrois. Et ce sont toujours des évêques hongrois,
Mgr L. Biró de Kezdi-Polany, Mgr J. Zalka et Mgr J. Perger qui
insistent pour qu'on complète le chapitre XI par un *tractatus de
episcopis* (Mansi, 51, 963CD). La requête est donc générale. Nous
verrons au début du chapitre deuxième que le nouveau rédacteur y
a fait droit.

B. *LE SENS DE « POTESTAS ORDINARIA »*

Mais venons-en à ce nœud de la théologie de l'épiscopat : les
relations existant entre la *potestas ordinaria* du Souverain Pontife
et celle d'un évêque. Comment les Pères du Concile réagirent-ils à
la lecture du chapitre XI et du Canon XVI ? Nous rencontrerons les
mêmes groupes, les mêmes mobiles ; mais le point d'application
de leurs observations est plus limité, et par là plus utile à la bonne
marche des débats conciliaires.

La discussion des dix premiers chapitres ayant été close le
4 mars 1870, il restait à examiner le chapitre XI et les canons annexes. C'est à ce moment, exactement le 6 mars, que les Pères reçurent le Document complémentaire relatif à l'infaillibilité. On leur
demanda de remettre toutes les observations qu'ils jugeraient nécessaires par écrit et pour le 17 mars (Mansi, 51, 701C). Mais un
groupe de Pères adressèrent aux Cardinaux-Présidents une lettre

---

[82]) « ... vellet ut de auctoritate episcoporum vel fieret integrum caput, vel
» caput XI ita reformaretur, ut de illa auctoritate expressa fieret mentio. »
(Mansi, 51, 965B).

[83]) « Post caput XI caput novum scribatur de iuribus episcoporum. Hoc autem
» enixe peto sequentibus rationum momentis: 1° Omnibus constat tempora
» nostra esse episcoporum auctoritati infensissima. » (Mansi, 51, 941D).

[84]) « At eadem orthodoxae fidei ratio postulat, ut clero et populo in memo-
» riam revocetur collata episcopis iure divino auctoritas. Hinc ipse petit
» ut huic capiti XI aliud antecedat *de divinitus instituto regimine ecclesiae*,
» in quo fiat expositio *de divinitus instituto apostolatu episcoporum*, de quo-
» rum iurisdictione et missione obiter tantum est sermo in capite X. » (Mansi,
51, 965A).

demandant qu'on leur accordât un peu plus de temps (Mansi, 51, 702-703). Ce qui leur fut accordé : les observations purent être envoyées jusqu'au 25 mars. On en fit un résumé, publié sous le titre *Synopsis analytica observationum quae a Patribus in caput et canones de Romani Pontificis primatu factae fuerunt* (Mansi, 51, 929-972). C'est à ce résumé que nous reprenons le détail de ce qui suit.

Les évêques de la minorité, et tout spécialement les évêques de langue allemande, auraient préféré que le passage « Romanorum pontificum iurisdictionem ordinariam et immediatam » fût tout simplement omis, supprimé.

Mgr Dinkel, d'Augsbourg, s'exprime clairement à ce sujet. Le terme *ordinaria*, dit-il, a été employé au IVᵉ Concile du Latran et à Florence. Mais il peut être mal interprété, si bien que l'on pourrait en arriver à nier l'existence du pouvoir épiscopal, qui est également ordinaire. Il vaudrait mieux, dès lors, omettre ces termes et les remplacer par d'autres équivalents [85]). Mgr Scherr, archevêque de Munich, Mgr Deinlein, archevêque de Bamberg, le cardinal Schwarzenberg, de Prague, Mgr Hefele, de Mayence, se déclarent d'accord avec l'évêque d'Augsbourg [86]). Il faut supprimer ce passage, dit Mgr Förster, évêque de Breslau ; la juridiction pontificale est assez clairement décrite par les termes « plena et suprema potestas iurisdictionis in universam terram » [87]). Et il mène facilement à des conclusions erronées et préjudiciables aux prérogatives épiscopales, ré-

---

[85]) « Ista vox *ordinaria*, utpote quae facile eam interpretationem admittat, » qua existentia cuiusvis ordinariae potestatis in dignitate et munere episco- » pali negatur, vix in schemate admitti possit, quin simul ea episcopalis » potestas, quae *ordinaria* // nominatur, accuratissime et distinctissime cir- » cumscribatur. Quare, ad vitandam quamlibet in interpretando confusionem » seu ambiguitatem, deinde respectu illius in sacro concilio Tridentino per » decem menses protractae discussionis de causa et origine iurisdictionis epis- » copalis proponere conor, ut aut verba *ordinariam et immediatam* deleantur, » et loco illorum ponantur, quae sequuntur: 'plenam potestatem traditam » esse...' » (Mansi, 51, 929A-930B).
[86]) Voir Mansi, 51, 929A, 932B, 934A.
[87]) « Deleatur id, quod de potestate *ordinaria et immediata* dicitur, cum po- » testas Romani pontificis qua 'plena et suprema potestas iurisdictionis in » universam ecclesiam' sat clare describatur. » (Mansi, 51, 930C).

pète Mgr de Fürstenberg [88]). Il serait lassant de citer longuement les Pères dont les observations comportent un *deleatur, omittatur*, à propos du passage en question [89]).

Et pourquoi cette réaction ? Quels sont les griefs des Pères ?

Il en est un premier, qui est vraiment général. Il est répété dix, vingt fois, jusqu'à devenir fastidieux à retrouver, alors que les Pères du Concile évitent habituellement de redire ce qui a été clairement et suffisamment déclaré avant eux. On peut en résumer la teneur comme suit. Si le Pontife Romain jouit d'un pouvoir de juridiction authentique, épiscopal, immédat et ordinaire, qu'il peut exercer sur l'évêque et chacun des fidèles d'un diocèse déterminé, que reste-t-il à l'évêque du lieu en fait de prérogatives ? Ne devient-il pas vicaire du Pape, ou délégué du Pape ? Ses droits divins sont-ils respectés ? L'ordonnance de l'Eglise, telle que le Christ l'a instituée, est-elle sauvegardée ?

Mgr Haynald, dans une intervention assez dure, résume bien les idées qui sont exprimées par tant d'autres plus brièvement ou moins complètement :

« Prudentia a schematum auctoribus exegisset, ne expressioni-
» bus a lingua dogmatica adusque alienis, nec necessariis, ansa
» praebeatur merito suspicandi, id per ipsos intentum fuisse,
» ut episcoporum e // schemate, faciem ecclesiae exhibere vo-
» cato, expunctorum potestas subruatur, dignitas explodatur,
» momentum attenuetur, ceu qui non amplius a Spiritu Sancto
» positi regant simul cum summo pontifice in iusta sub eo subor-
» dinatione ecclesiam Dei, sed pontificis solum vice fungantur
» in gregibus sibi non propriis ; proprio episcopo, qui nonnisi
» unicus esse potest, solo Romano pontifice existente. Cum
» tamen sub ipsius summi pastoris et rectoris, divinitusque in-
» stituti ecclesiae primatis gubernio et directione episcopi absque

---

[88] « ... optatur, ut omittantur verba, quibus pontificis iurisdictio *ordinaria et immediata* praedicatur, ad evitandas erroneas conclusiones, quae facile exinde in praeiudicium iurisdictionis episcoporum deduci possint. » (Mansi, 51, 932C).

[89] Par exemple, Mgr Rauscher (Mansi, 51, 934D), Mgr Tarnóczy (Mansi, 51, 936A), Mgr Melchers (Mansi, 51, 937A), Mgr Haynald (Mansi, 51, 939B), Mgr Krementz (Mansi, 51, 948C), Mgr Dupanloup (Mansi, 51, 956C).

» novae huius theoriae applicatione felicissime rexerint omni-
» bus temporibus ecclesias suas, quin opus evaserit, doctrina
» tali stabilita, infaustae duarum potestatum in variis gradibus
» positarum et se invicem fulcientium ac firmantium confusioni,
» variis abusibus et inde emanaturis indubiis malis viam ster-
» nere. Quare id peroptamus ut verba ʻet hanc, quae propria
» est iurisdictionis potestas, ordinariam esse et immediatam' de-
» leantur. » (Mansi, 51, 938D-939B).

Cette citation suffit. Elle est, répétons-le, la plus incisive. Mais les
idées qui y sont exposées sont celles de tous les Pères qui inter-
vinrent dans ce débat.

Un second grief, qui n'est en somme qu'une conséquence du
premier, concerne la réunion des chrétiens. Présenter un schéma
De Ecclesia qui donne une place aussi secondaire à la doctrine de
l'épiscopat et des diverses prérogatives épiscopales et qui développe
en même temps une doctrine pontificale aussi complète, c'est créer
de nouvelles difficultés avec les Grecs unis à Rome et avec les Orientaux en général [90]). En effet, explique Mgr Smiciklas, évêque de
Kreutz, les théologiens pourraient expliquer de telle manière la subordination des évêques par rapport au Pape, que les évêques
paraîtraient n'être que de simples vicaires apostoliques. Ce qui est
précisément en horreur chez les Orientaux, auxquels on a promis
par ailleurs de sauvegarder intégralement les droits et coutumes [91]).

La question de la garantie des privilèges des Orientaux, déjà

[90]) Mgr Förster, évêque de Breslau, le fait remarquer :
« Deleatur id, quod de potestate *ordinaria et immediata* dicitur, cum po-
» testas Romani pontificis qua ʻplena et suprema potestas iurisdictionis in
» universam ecclesiam' sat clare describatur, et huiusmodi propositio ansam
» praebere possit novarum cum Graecis unitis et Orientalibus dissensionum,
» necnon ita a multis explicari, ut episcoporum potestas aut de medio tolla-
» tur aut iniurioso modo coerceatur. » (Mansi, 51, 930C).
[91]) « Rationes mutandi : Ne paulatim per theologorum subtilitates in quaestio-
» nem revocetur potestas divinitus collata episcopis, constituta duplici iuris-
» dictione immediata in eumdem locum, et ita subordinata potestate episco-
» porum, ut illam tantum habeant quam tribuerint summi pontifices : unde
» simplices evaderent vicarii apostolici. Quod maximum horrorem incuteret
» Orientalibus, quorum tamen iura et constitutiones se perpetuo integre ser-
» vaturos promiserunt Romani pontifices. » (Mansi, 51, 969AB).

rendue épineuse dans l'éventualité de la définition de la primauté
de juridiction pontificale universelle, avait un caractère d'actualité
du fait de ce que Th. Granderath appelle « les troubles de l'Eglise
orientale pendant le Concile » [92]). Divers incidents éclatèrent en
effet au cours du Concile entre les patriarches orientaux, la Propa-
gande et même le Souverain Pontife. L'audience de Mgr Audu, patriarche de Babylone de rite chaldéen, reçu par Pie IX dans la
soirée du 26 janvier, racontée de manières différentes, aurait suffi,
à elle seule, à exciter les esprits [93]).

Bref, si ce texte demeure tel quel, il pose l'existence d'une
juridiction « concurrente », déclare Mgr Gollmayr, archevêque de
Goritz, ce qu'aucun évêque conscient de sa mission et de sa dignité
ne pourra accepter [94]) ; il attribue au Souverain Pontife, note
Mgr Ketteler, un pouvoir qu'il ne lui est matériellement pas possible d'exercer [95]), un pouvoir qui d'ailleurs n'apparaît même pas
compatible avec celui des évêques, puisqu'il en résulterait que deux
juridictions ordinaires et immédiates existeraient en un seul et même
diocèse, précise Mgr Vancsa [96]). Aussi, qu'on le supprime !

* * *

Qu'on supprime ce passage, disent les Pères, ... ou qu'on lui
donne une contrepartie adéquate : un texte, une déclaration, un
éclaircissement. Les Pères prévoyaient évidemment qu'une expression répétée jusqu'à trois fois, et répondant directement aux erreurs
visées, serait finalement maintenue. Aussi vont-ils s'efforcer d'en atténuer le caractère apparemment unilatéral. Mais comment ?

---

[92]) Cfr *Histoire du Concile du Vatican*, trad. franç., vol. 2, p. 410-437.

[93]) On trouvera l'essentiel des diverses versions dans Th. GRANDERATH, *Histoire
du Concile du Vatican*, trad. franç., vol. 2, p. 414-422.

[94]) « Vult ut ... iurisdictio pontificis non dicatur in singulas dioeceses *ordi-
» naria*. Namque, ait, eiusmodi *concurrentem* pontificis iurisdictionem nul-
» lus episcopus suae missionis et dignitatis sibi conscius admittere potest. »
(Mansi, 51, 957B).

[95]) « Nam eam potestatem papae adscribendam esse, cuius exercitium sit pos-
» sibile; sed istius immediatae et ordinariae in singulos fideles potestatis exer-
» citium Romano pontifici non est possibile. » (Mansi, 51, 934C).

[96]) « Videtur incompatibile, ut in una eademque ecclesia circa easdem res
» duae existant potestates ordinariae et immediatae. » (Mansi, 51, 942D).

D'abord, disent-ils, que l'on déclare en termes dogmatiques nets et précis que les évêques jouissent eux aussi, dans leurs diocèses, d'une juridiction immédiate et ordinaire ; ils en sont les pasteurs propres. Ensuite, que l'on affirme en termes tout aussi nets que les deux juridictions, parce qu'elles sont toutes deux authentiques et de droit divin, ne peuvent être lésées et doivent pouvoir co-exister harmonieusement. Le Cardinal Guidi, archevêque de Bologne, fit l'excellente suggestion que voici :

> « Licet doctrina hic tradita dubio procul verissima sit et catho-
> » lica, clare tamen et perspicue explicanda est, ne detur ansa
> » adversariis cavillandi ex hac doctrina sequi episcopalem iuris-
> » dictionem in propria dioecesi non esse *ordinariam et imme-*
> » *diatam.* Hoc autem duplici via obtineri posset. *Una* potior, et
> » nostro iudicio adhibenda, ut scilicet inter caput X et XI in-
> » seratur caput integrum de episcoporum iuribus et iurisdictione,
> » // abstinendo tamen a controversia utrum a Deo vel mediate
> » a summo pontifice proveniat. *Altera* brevior, ut in ipsa periodo
> » paucis verbis explanaretur ratio, qua duae potestates, pon-
> » tificis scilicet et episcopalis, stare simul possunt, et licet ambae
> » sint immediatae et ordinariae, ad invicem tamen minime
> » pugnant. » (Mansi, 51, 967D-968A).

Et Mgr Eberhard, de Trèves, demandera même que, dans le ca-non XVI, on condamne ceux qui affirmeraient que les deux juridic-tions ne peuvent « convenire et consociari » [97]). Ce vœu des Pères sera exaucé, ainsi que nous le verrons au chapitre deuxième.

Est-ce tout ? Ne pourrait-on pas aussi trouver et exprimer le *distinguo* grâce auquel, la réalité des deux juridictions étant sauve, il sera quand même possible de voir, ou du moins de pressentir, ce qui leur donne leur originalité et exclut leur coïncidence ou la sub-stitution de l'une à l'autre.

---

[97]) « Humillime tandem ... proponit, ut ad finem canonis post verba in sche-
» mate 'non esse ordinariam et immediatam in omnes et singulas ecclesias'
» addantur haec verba: 'aut hanc ordinariam et immediatam Romani ponti-
» ficis potestatem convenire et consociari non posse cum vera, ordinaria et
» immediata iurisdictionis potestate, quam episcopi ordinatione divina in suas
» particulares ecclesias habent' A. S. » (Mansi, 51, 963A).

La première distinction à faire, semble-t-il, celle qui paraissait s'imposer, est celle que suggéra Mgr David, évêque de Saint-Brieuc. Mgr Mourret le décrit comme « abondant et plein de verve », mais, en l'occurrence, il se révéla sobre et concis :

> « *Ordinaria* est sane pontificis *potestas*, eo sensu quod non sit
> » *delegata* ; non autem eo sensu quod *ordinarie eadem ac ab*
> » *ordinario* in qualibet dioecesi exerceri possit. » (Mansi, 51,
> 955AB).

Cette distinction n'a guère été reprise à ce moment parce que, en fait, l'attention des Pères se portait d'un autre côté. Que le pouvoir juridictionnel universel du Pape soit « ordinaire » au sens de « adnexum officio », ils auraient pu l'admettre. Et c'est d'ailleurs cela seulement que leur demandera Mgr Zinelli, Rapporteur de la Députation de la Foi, au moment du vote final : nous y reviendrons plus loin. Mais que le pouvoir soit « ordinaire » au sens de *ordinarie* ! Tous les Pères sentaient qu'il fallait garantir le maintien et la coexistence de ces deux pouvoirs authentiques ayant les mêmes caractéristiques générales. Bref, c'est autour de ce nœud doctrinal que va se dérouler tout le débat. Résumons-en les données concrètes. Certains auteurs restreignent l'exercice du pouvoir pontifical dans un diocèse aux cas « extraordinaires » ; ainsi du moins peut-on présenter les choses schématiquement. Contre ceux-ci, les théologiens qui ont préparé le projet de constitution désirent faire accepter le terme « ordinaire », sans explication suffisante. D'où, réaction des évêques, qui jouissent eux aussi, dans leur diocèse, d'un pouvoir de juridiction ordinaire et immédiat. En conséquence, recherche plus ou moins heureusement menée en vue de trouver le *distinguo* qui sauvegardera les droits que, et le Pape, et les Evêques tiennent par institution divine.

On peut enregistrer, tout d'abord, un effort de formulation différente. Mgr Rauscher avait d'ailleurs reconnu que « de re ipsa disceptationi vix esse locum ; rei designandae // autem ea seligenda verba, quae in sensum a veritate alienum detorqueri non possint » (Mansi, 51, 934D-935A). Mais quel terme suggérer ?

Mgr Th. Connolly, capucin, archevêque de Halifax, est le seul
à avoir fait une proposition en ce sens. Appelons « superordinaria »
la juridiction pontificale, dit-il, en ce sens qu'elle contient la juridiction épiscopale « eminenter », non « formaliter », comme Dieu contient les perfections des créatures [98]). Terme inhabituel en théologie,
illustration qui ne convainquit pas les Pères : la suggestion ne fut
pas retenue. De son côté, Mgr Guilbert, évêque de Gap, se demande
si un petit « quodam modo » ne permettrait pas d'éviter des heurts :
on pourrait stipuler, dit-il, que la juridiction du Pape dans un diocèse
particulier est « quodam modo » ordinaire et immédiate (Mansi, 51,
965CD). Mais tout ceci demeure assez superficiel et n'éclaire pas la
question de l'intérieur, comme d'autres suggestions dont nous par-
lerons maintenant.

Les uns proposent de rappeler qu'il y a une relation de coor-
dination et de subordination entre la juridiction pontificale et la
juridiction épiscopale. Tout en répétant régulièrement qu'il ne faut
pas faire rebondir le problème de l'origine médiate ou immédiate de
la juridiction épiscopale — problème qui s'est avéré insoluble au
Concile de Trente et qu'ils ne veulent pas examiner — ils notent
que le Pape et les évêques jouissent du pouvoir de juridiction *modo
inaequali*, d'après ce qu'enseignait Saint Thomas. D'où il ressort
que la juridiction épiscopale est intrinsèquement *subordonnée* à la
juridiction papale. Voici les réflexions de Mgr Tarnóczy, archevêque
de Salzbourg :

> « Difficultatem aliquatenus creat illud, quod pontificis potestas
> » iurisdictionis simpliciter ' ordinaria et immediata in omnes et
> » singulas ecclesias ' dicatur (cap. XI et can. XVI), non ac si
> » thesis haec iusto sensu accepta verissima non sit, sed quate-
> » tenus absque accuratiori determinatione sinistrae interpreta-
> » tioni vel in alienum sensum detorsioni obnoxia videatur. Non
> » sine ratione sufficiente patres Tridentini ea de re tanto tem-
> » pore disceptarunt, quin tamen res ad decisionem devenerit,
> » quandoquidem episcoporum quoque iurisdictio in ecclesias
> » suas ordinaria et immediata est, et qui fieri possit, ut eadem

---

[98]) Mansi, 51, 955A.

» duorum iurisdictio circa idem obiectum sine rerum confusione
» aut perturbatione locum obtineat, difficulter intelligitur. Qua-
» propter aut ista iurisdictionis // pontificiae praedicata (*ordi-*
» *naria et immediata*) tam in decreto, quam in canone silentio
» praetereantur, aut recta et authentica eorum in decreto fiat
» explicatio, atque in canone dubium aliqua idonea adposi-
» tione removeatur. Equidem iustam partium utique imparium
» discretionem, si non aliter, adpositis saltem verbis beati Tho-
» mae Aquinatis : 'inaequali tamen modo' fieri posse existima-
» verim. » (Mansi, 51, 935D-936A).

Saint Thomas use en effet de cette formule dans son In IV Sent.,
dist. XVII, q. 3, a. 3, qu. 5 ad 3^m. La suggestion est reprise par
Mgr Melchers, Mgr Wedekin (Mansi, 51, 936D) et par Mgr Eberhard
(Mansi, 51, 963A).

D'où il suit que la juridiction épiscopale est *subordonnée* à la
juridiction papale, comme le déclare par exemple l'évêque de Cologne, Mgr Melchers :

« Et quanquam Dominus apostolis eorumque successoribus epis-
» copis ordinariam et immediatam docendi et pascendi dederit
» potestatem haec tamen in regendis singulis ecclesiis Romano
» pontifici ita subordinata est, ut suprema etiam ipsius iuris-
» dictionis potestas in singulis ecclesiae universae partibus ordi-
» naria sit et immediata. » (Mansi, 51, 937AB).

Mgr Krementz, évêque d'Ermland, proposera un texte presque
identique (Mansi, 51, 948D). Mgr Haynald, lui également, fera allusion à la « iusta subordinatio » qui affecte les deux juridictions
(Mansi, 51, 939A). L'idée n'avait rien de nouveau : le texte même
du schéma, au chap. XI, ne parlait-il pas de la « hierarchica subordinatio » des évêques à l'égard du Pape ?

A vrai dire, cette ordonnance intrinsèque des juridictions n'est
pas très éclairante pour la difficulté qui est en jeu. C'est à propos
de l'exercice même du pouvoir qu'une distinction devrait être ap-
portée pour faire avancer les débats. Plus concrètement, puisque
l'évêque est, de droit divin, celui qui régit et sanctifie « ordinarie »

l'Eglise particulière à la tête de laquelle il a été appelé, ou bien la juridiction papale coïncide adéquatement avec celle des évêques et comporte le droit d'intervenir « ordinarie » dans chaque diocèse particulier, ou bien il faudra définir l'exercice de cette juridiction pontificale dans un diocèse de telle manière, qu'il ne soit ni « ordinaire », ni seulement « extraordinaire ».

Que la juridiction papale ne coïncide pas adéquatement avec la juridiction épiscopale s'exerçant « ordinarie », tout le débat en fournit la preuve. Dès le début des discussions, les Pères ont expressément écarté cette hypothèse, en rappelant que les pouvoirs de l'évêque sont de droit divin et doivent être respectés. Alors ?

De fait, c'est à déterminer le mode d'exercice de la juridiction pontificale et épiscopale que les Pères consacreront la plus grande partie de leurs remarques. Que vont-ils proposer entre l'*ordinarie* des évêques et l'*extraordinarie* auquel Eybel et Tamburini limitent erronément l'intervention du Pape ?

Certains suggèrent de condamner directement l'erreur de ces auteurs en usant d'une proposition négative : il est faux d'affirmer que le Pontife romain ne peut intervenir dans un diocèse particulier que dans des cas extraordinaires, ou seulement pour pallier une négligence grave des évêques. Mgr Dinkel ainsi que Mgr Scherr et Mgr Deinlein proposent ceci :

« ... aut verba *ordinariam et immediatam* deleantur, et loco illo- » rum ponantur, quae sequuntur : 'plenam potestatem tradi- » tam esse, quam non extraordinariis dumtaxat casibus, sed » semper exercere potest et in fideles universos, et in ipsos » ecclesiae totius episcopos' (cfr Natalis Alexandri dissert. IV » in saec. I, scholion 3) ... » (Mansi, 51, 930B).

Ou également, presque dans les mêmes termes, Mgr Haynald et son groupe :

« Quare id peroptamus, ut verba 'et hanc, quae propria est » iurisdictionis potestas, ordinariam esse et immediatam' de- » leantur, eorumque in locum haec inserantur : 'quam non in » extraordinariis solum casibus, sed semper exercere potest et » in fideles universos, et in totius ecclesiae episcopos. » (Mansi, 51, 939AB).

Nous avons cité ces deux passages in-extenso, parce qu'on y rencontre également l'adverbe *semper*, en antithèse avec *extraordinarie*, avec référence au P. Alexandre : nous y reviendrons plus loin. Pour l'instant, nous désirons simplement noter cette formulation négative de la vérité, qui aurait pu, jusqu'à un certain point, faciliter les débats. On rejetait les erreurs visées par la constitution *De Ecclesia* et on évitait d'employer le terme *ordinaria*, qui était la cause des dissenssions.

Mais les membres de la Députation de la Foi tenaient au terme *ordinaria* : il fallait donc esquisser une autre façon de l'accorder avec la juridiction épiscopale. Comment caractériser ce mode d'exercice de la juridiction pontificale dans un diocèse particulier ?

Première notation : toute intervention pontificale doit s'exercer *ad aedificationem* et non *ad destructionem*. Ce sont les expressions dont se servaient régulièrement les théologiens catholiques. Il faut les entendre, semble-t-il, non en un sens empirique et plutôt sociologique, mais en leur accordant une densité vraiment théologique : il s'agit de respecter et non de troubler l'ordre voulu par le Christ pour son Eglise, la structure qui a été instituée par Lui :

> « Summus pontifex, qui ex Christi institutione quodcumque li-
> » gare et solvere valet in universa ecclesia nec praeter Deum
> » alium habet iudicem in terris, sua // potestate suprema uti
> » debet in aedificationem et non in destructionem ecclesiae,
> » ad servandum sive restituendum non vere ad pervertendum
> » rectum et bonum ordinem. Omnia ipsi licent, sed non omnia
> » expediunt. » (Mansi. 51, 936D-937A).

Ces paroles sont de Mgr Melchers. Mais on en retrouve parfois l'équivalent, par exemple, lorsque Mgr Dupanloup demande que les interventions pontificales ne soient pas trop fréquentes, « alioquin ordo a Christo institutus penitus turbaretur et subverteretur » (Mansi, 51, 956D).

Autre précision, autre norme servant à fixer les conditions dans lesquelles est appelée l'intervention pontificale dans un diocèse : *necessitas* ou *utilitas*. Le thème est connu, lui aussi. Il se présente

plusieurs fois dans les remarques formulées par les Pères du Concile, sans qu'on puisse à vrai dire parler d'allusions fréquentes.
Même Mgr Dupanloup s'y rapporte :

> « Ubi dicitur iurisdictionem summi pontificis esse *ordinariam* et
> » *immediatam* erga omnes particularium ecclesiarum fideles ;
> » tollantur hae voces, et dicatur : ' Et hanc quae propria est iuris-
> » dictionis potestas, directe et immediate exerceri posse, prout
> » ecclesiarum necessitas vel utilitas postulabunt '. » (Mansi, 51,
> 956BC).

Mêmes principes, avec insistance sur la portée limitative de la norme,
dans l'*animadversio* de Mgr Krementz :

> « Haec tamen [iurisdictio episcoporum] Romano pontifici sic
> » subordinata est, ut suprema etiam pontificiae iurisdictionis
> » potestas in omnes et singulas ecclesias propria iudicetur et
> » ordinaria, quae tamen tunc solum intervenit, cum aut alicuius
> » particularis dioecesis aut universalis ecclesiae sive utilitas sive
> » necessitas id postulet. » (Mansi, 51, 948D).

De ci de là, quelques touches discrètes achèvent de nous éclairer
sur l'intention profonde et commune des Pères [99]). Il faut que

---

[99]) Pour Mgr Ketteler, évêque de Mayence:
> « Certam nihilominus, eamque magnam a summo pontifice exerceri iurisdic-
> » tionem in singulos fideles immediatam, illam nempe, quae cum munere
> » primatis universae ecclesiae connexa pontifici sit possibile: verbi gratia ra-
> » tione necessitatis, utilitatis, appellationis, reservationis casuum vel excommu-
> » nicationis. » (Mansi, 51, 934C).
Mêmes notations de la part de Mgr Melchers, de Cologne:
> « Ubicumque necessitas vel ecclesiae salus postulat, ipse utitur sua potestate
> » suprema et universali, quam regulariter ordinario et immediato modo non-
> » nisi episcopi exercent. Exinde desidero ad errores dubiaque vitanda, ut
> » verba *ordinaria et immediata iurisdictio* in capite et canone omittantur. »
> (Mansi, 51, 937A).
A ces voix, ajoutons celle de l'évêque d'Orléans, déjà cité, qui fait remarquer,
toujours à propos du chapitre XI:
> « Sed ita temperanda fuisset huius doctrinae expressio, ut clare videretur
> » aliam esse potestatem *summi primatis*, aliam *ordinarii immediati* et *proprii*
> » uniuscuiusque dioeceseos episcopi; et ita utramque in suo ordine exerceri
> » debere, ut illa huic non noceat, sicut fieret si nimis frequenter et absque
> » debita moderatione interveniret Romanus pontifex. Alioquin ordo a Christo
> » institutus penitus turbaretur et subverteretur. At cum proposita mutatione

l'exercice du pouvoir pontifical soit modéré, respectueux des prérogatives divines de l'épiscopat.

Il n'entre pas dans notre propos d'examiner le degré de pertinence et la valeur théologique des observations des Pères. Il nous
suffit d'en dégager au moins une conclusion : le mode d'exercice de
la juridiction pontificale dans un diocèse est distinct de celui qui
caractérise l'autorité de l'évêque dans l'église particulière ; et il doit
exister un terme ou une expression qui exprime cette distinction.

* * *

Nous avons réservé pour la fin de ce paragraphe les observations présentées par les Pères concernant le canon XVI, qui déclare anathème celui qui refuserait de reconnaître que la juridiction
pontificale est « ordinaire et immédiate ».

A vrai dire, ces observations n'apportent rien de très nouveau
au débat. Les noms que nous rencontrons sont en général les mêmes
que ceux dont nous venons de rapporter la pensée concernant le
chapitre XI. Nous ne nous y attarderons donc point.

> » in decreto integrum servatur ius summi pontificis, et non videntur violari aut
> » praetermitti episcoporum iura. *Propria* enim satis supplet *ordinariam*; et
> » *prout necessitas vel utilitas postulabunt* adiicit temperamentum, quod liber-
> » tati pontificis non officit, et *ingerentiam* eius *immoderatam* excludit. » (Mansi,
> 51, 956CD).

CHAPITRE DEUXIÈME

LA CONSTITUTION " PASTOR AETERNUS "

§ 1. Etat de la question

Revenons au schéma *De Ecclesia*. Les transformations aux-quelles il a été soumis prouvent de la manière la plus tangible que les observations des Pères étaient fondées et que les lacunes qu'ils avaient signalées — notamment en ce qui concerne la doctrine de l'épiscopat — étaient importantes. La refonte du schéma primitif fut confiée à J. Kleutgen [1]), Schrader et Maier.

A. *LES DEUX CONSTITUTIONS DOGMATIQUES*

Il y eut, en effet, deux constitutions ; sans doute pour des raisons pratiques.

La première — *Constitutio dogmatica prima de ecclesia Christi* (Mansi, 53, 240-244 et 252-256) — commençant par les mots *Pastor Aeternus*, reprenait la matière de l'ancien chapitre XI, consacré à la primauté pontificale, et celle du chapitre additionnel relatif à l'infaillibilité. C'est cette pièce seulement qui sera proposée aux Pères, puis discutée, transformée et soumise enfin au vote définitif de l'assemblée conciliaire. Mais d'où vient-elle ?

En mars et en avril 1870, diverses pétitions furent envoyées au Pape et aux cardinaux-présidents en vue de donner la priorité à la discussion des prérogatives pontificales (51, 703-711). Moins nom-breuses, des protestations s'élevèrent contre cette façon de pro-

---

[1]) J. Kleutgen (1811-1883), appelé le « restaurateur de la théologie scolastique » en Allemagne, notamment par son *Theologie der Vorzeit*, 3 vol., Munster en West., 1853-1860. Les documents conciliaires l'appellent parfois - on en aura des exemples plus loin - Peters, nom qu'il prit en entrant dans la Compagnie de Jésus, pour éviter les tracasseries de son gouvernement.

céder (Mansi, 51, 711-716), notamment de la part de Mgr Dupanloup [2]). Entretemps, la Députation de la Foi s'était réunie à ce sujet.
Dans sa 34e séance, le 27 avril, elle entendit un rapport du P. Schrader sur la question des prérogatives pontificales. Les présidents du
Concile avaient déjà fait savoir qu'il fallait en traiter dans une constitution particulière. Schrader proposa de la diviser en quatre chapitres :

   I. De institutione primatus ;
   II. De perpetuitate primatus ;
   III. De natura seu potestate primatus ;
   IV. De infallibilitate Romani pontificis.

Ce qui fut accepté par la plupart. Ils furent aussi d'accord sur le
titre « Constitutio Prima de Ecclesia », suggéré par l'archevêque
de Saragosse, Mgr Garcia Gil. La question de l'infaillibilité, étudiée
par le chanoine Maier, de Ratisbonne, fit encore l'objet de certaines
mises au point. La Députation de la Foi, dans les séances 35 à 43,
du 28 avril au 8 mai, va parachever le travail de rédaction (Mansi,
53, 239-252). Quant aux Pères du Concile, ils furent avertis le 29 avril
que la question des prérogatives pontificales serait examinée en
particulier et que le texte du schéma leur serait distribué en temps
voulu (Mansi, 51, 467BC).

La deuxième Constitution — *Constitutio dogmatica secunda
de ecclesia Christi* (Mansi, 53, 308-317) — résultait de la transforma-
tion des dix premiers chapitres du schéma primitif. Le texte de cette
Constitutio dogmatica secunda ne fut jamais distribué, du fait de
l'arrêt des débats conciliaires le 18 juillet 1870. Mais il a été publié,
avec la *Relatio* du P. J. Kleutgen (Mansi, 53, 317-332). Or, son ordonnance à elle seule constitue un document très significatif sur
l'orientation qu'auraient prise les discussions conciliaires, si elles
avaient pu être engagées. Nous n'en donnerons ici que le titre des
chapitres, et cela suffira à notre propos.

---

[2]) Il ne s'agit pas ici, des requêtes et pétitions favorables ou défavorables à
une définition de l'infaillibilité, et dont on trouvera le texe dans Mansi, 51, 639-687.

C. I. De divina Ecclesiae institutione ;

C. II. Ecclesiam a Christo institutam esse coetum fidelium ;

C. III. Esse in ecclesia potestatem divinitus ordinatam ;

C. IV. De ecclesiastica hierarchia ;

C. V. De membris ecclesiae ;

C. VI. Unam esse veram ecclesiam, neque extra eam salutem speandam ;

C. VII. De ecclesiastico magisterio ;

C. VIII. De ecclesiastica iurisdictione ;

C. IX. Ecclesiam esse verum regnum, divinum, immutabile et sempiternum ;

C. X. Veram Christi ecclesiam non esse aliam nisi Romanam.

Suivent seize Canons.

Le chapitre IV est consacré aux prérogatives épiscopales, en un agencement bien ordonné de trois paragraphes. Le premier concerne les prêtres, l'évêque et son ministère dans l'Eglise particulière, avec le passage de Actes XX, 28, ainsi qu'une citation de S. Cyprien. Le second détermine la part qui revient à l'épiscopat dans la fonction du magistère et du gouvernement suprêmes de l'Eglise universelle, avec rappel de Matth. XVIII, 18. Le troisième fixe les limites de ces pouvoirs par rapport à la primauté pontificale. Bien qu'il n'ait pas été discuté, ce chapitre IV nous fait connaître l'orientation des idées au moment où les discussions ont été interrompues. Voici, par exemple, une partie du second paragraphe :

« Verum etiam supremi muneris docendi et gubernandi univer-
» sam ecclesiam episcopi expertes non sunt. Illud enim ligandi
» et solvendi pontificium, quod Petro soli datum est, collegio
» quoque apostolorum, // suo tamen capiti coniuncto, tribu-
» tum esse constat, protestante Domino : *Amen dico vobis,
» quaecumque alligaveritis super terram, erunt ligata et in caelo ;
» et quaecumque solveritis super terram, erunt soluta et in cae-
» lo*'... » (Mansi, 53, 310BC).

Dans le commentaire qu'il donne de ce paragraphe, J. Kleutgen s'exprime comme suit sur la coexistence des deux pouvoirs juridictionnels :

« Cum enim episcopi, a summo pontifice in partem sollicitudi-
» nis vocati, non sint meri consiliarii, sed una cum papa de-
» creta tanquam veri iudices et definitores edant, haec vero
» decreta supremae sint auctoritatis, totamque ligent ecclesiam ;
» dubitari non potest, quin episcopi in docenda et gubernanda
» universa ecclesia partem aliquam habeant. Sed quoniam non
» minus constat, et in constitutione prima de ecclesia per cano-
» nem capitis tertii definitum est, in Romano pontifice non po-
» tiores tantum partes, sed totam plenitudinem supremae potes-
» tatis inesse : consequens est, hanc potestatem in duplice su-
» biecto esse, in episcoporum corpore papae coniuncto, et in
» papa solo... » (Mansi, 53, 321BC).

Il n'était pas inutile de signaler ces quelques données ; elles mon-
trent qu'un effort réel était fait en vue de rappeler certains éléments
de la doctrine de l'épiscopat.

B. *LA CONSTITUTION « PASTOR AETERNUS »*

La question de la *potestas ordinaria* reparaîtra lors de la discussion de la Constitution « Pastor aeternus ». Le texte de celle-ci,
approuvé le 8 mai par la Députation de la Foi, comme nous l'avons
dit, fut distribué aux Pères le 9 mai, avec les explications (Mansi,
52, 3A). La Constitution est divisée en quatre chapitres, tous relatifs
aux prérogatives des Pontifes romains, avec trois canons. En voici
les titres :

C. I.   De apostolici primatus in beato Petro institutione ;
C. II. De perpetuitate primatus Petri in Romanis pontificibus ;
C. III. De vi et ratione primatus Romani pontificis ;
C. IV. De Romani pontificis infallibilitate (Mansi, 52, 4-7).

C'est le chapitre III, avec le canon III, qui intéressent notre propos.
Et en voici le texte partiel :

Caput III.

(§ 1). « ... et ipsi in beato Petro pascendi, regendi ac gubernan-
» di universalem ecclesiam a Domino nostro Iesu Christo ple-
» nam potestatem traditam esse ; quemadmodum etiam in gestis

» oecumenicorum conciliorum et in sacris canonibus contine-
» tur ».

(§ 2). « Docemus proinde et declaramus, hanc, quae proprie
» est episcopalis iurisdictionis potestas, ordinariam esse et im-
» mediatam, erga quam particularium ecclesiarum, cuiuscum-
» que ritus et dignitatis, pastores atque fideles, tam seorsum
» singuli quam simul omnes, officio hierarchicae subordinationis,
» veraeque obedientiae // obstringuntur, non solum in rebus
» quae ad fidem et mores, sed etiam quae ad disciplinam et re-
» gimen ecclesiae, per totum orbem diffusae, pertinent. » (Mansi,
52, 5D-6A).

(§ 3). « ... Tantum autem abest, ut haec summi pontificis po-
» testas opponatur ordinariae ac immediatae illi episcopalis
» iurisdictionis potestati, qua particularium ecclesiarum pastores
» assignatos sibi greges, singuli singulos, pascunt et regunt, ut
» eadem a supremo et universali pastore asseratur, roboretur
» ac vindicetur, dicente sancto Gregorio Magno : 'Meus honor
» est honor universalis ecclesiae. Meus honor est fratrum meo-
» rum solidus vigor. Tum ego vere honoratus sum, cum singulis
» quibusque honor debitus non negatur'. » (Mansi, 52, 6A).

Canon III.

« ... aut hanc eius potestatem non esse ordinariam et immedia-
» tam sive in omnes ac singulas ecclesias sive in omnes et singu-
» los pastores et fideles ; A. S. » (Mansi, 52, 7D).

Le nouveau texte du chapitre III comporte quelques éléments
à noter.

Au § 1, tout d'abord, le texte repris du Concile de Florence a été
donné dans son intégrité : on lit en effet, en fin de paragraphe, le
fameux « quemadmodum etiam in gestis œcumenicorum conciliorum
et in sacris canonibus continetur ». Il est impossible de rappeler
ici les laborieuses discussions qui ont été soulevées sur le sens du
« quemadmodum etiam » : est-il limitatif ? ou est-il explicatif ? Les
Pères de la Députation de la Foi l'ont considéré et présenté comme
explicatif : les conciles et les canons « fondent » les prérogatives
pontificales, elles ne les « limitent » pas.

Le § 2 est renforcé. La juridiction universelle du Pape est, non seulement « primatiale », mais « épiscopale » [3]) ; cela ne fut cependant pas acquis sans hésitation, ainsi qu'on peut le voir par les rapports des séances de la Députation de la Foi, celle du 3 mai 1870, par exemple (Mansi, 53, 246B). Elle s'étend à toutes les églises particulières, « cuiuscumque ritus et dignitatis », non seulement au domaine de la foi et de la morale, mais « etiam quae ad disciplinam et regimen Ecclesiae... pertinent ». On pressent les observations que vont présenter les Pères relativement aux privilèges des patriarches et des orientaux.

Le § 3 est entièrement nouveau et répond aux vœux de toute l'Assemblée. Tout ce qui est déclaré du Pape, y est-il dit, ne peut être « opposé » à la juridiction épiscopale. Paragraphe très important, dont le premier texte est dû à Mgr Spalding, archevêque de Baltimore [4]) qui le proposa à la séance du 3 mai 1870.

Les explications jointes au texte prouvent que le grief fondamental des Pères a été parfaitement enregistré également :

> « Animadvertitur, quasi illius declarationis vi aut excluderetur
> » aut detrimentum pateretur potestas episcopalis. Verum... »
> (Mansi, 52, 11C).

Suivent alors six considérations, dont quelques-unes nous concernent directement. D'abord, il sera fait un rappel exprès de la juridiction ordinaire des évêques dans leur diocèse :

> « Ne pati quidpiam detrimenti possit videri, diserta fiet ordina-
> » riae ac immediatae potestatis episcoporum in suas particu-
> » lares dioeceses declaratio. » (Mansi, 52, 11C).

---

[3]) Sur l'histoire et le sens de *episcopalis*, voir Wilfrid DEWAN, *The Power and Nature of the Primacy of the Roman Pontiff and the Vatican Council*. Thèse de doctorat en théologie (dactyl.). Louvain, 1957, XX-345 p.

[4]) « Porro proponente Baltimorensi omnes consenserunt in id, ut in fine § 1 » apponatur additamentum // in hunc sensum : 'Qua suprema Romani pon- » tificis potestate non negatur aut laeditur, immo roboratur ordinaria ac imme- » diata episcoporum potestas in ecclesias particulares sibi commissas, dicente » sancto Gregorio (epist. 30 ad Eulogium Alexandrinum) : Meus honor est » honor universalis ecclesiae. Meus honor est fratrum meorum solidus vigor. » Tunc ego vere honoratus sum, cum singulis quibusque honor debitus non » negatur '... » (Mansi, 53, 246BC).

Ensuite, il est bien entendu que ce qui est affirmé du Pape n'est pas, de ce fait, refusé aux évêques :

> « Phrasis, de qua agitur, est positiva et affirmans, non exclusiva
> » et negans ; quare per illam alii pastores, iique ordinarii et
> » immediati, nullatenus excluduntur. » (Mansi, 52, 11CD).

D'ailleurs, parler d'un Pasteur suprême et universel, c'est ipso facto reconnaître d'authentiques pasteurs inférieurs et particuliers :

> « Eo ipso quod Romanus pontifex constanter dicitur pastor su-
> » premus, alii pastores inferiores et obnoxii significantur ; et
> » cum idem Romanus pontifex dicitur constanter pastor uni-
> » versalis, significantur pastores particulares. » (Mansi, 52, 11D).

Loin de porter ombrage aux prérogatives épiscopales, la juridiction du pasteur suprême les confirme, les défend :

> « Pastor supremus itemque universalis, et pastores inferiores
> » itemque particulares, nullatenus semet excludunt ; contra,
> » tantum abest, ut per priorem illam summi pastoris potestatem
> » haec altera obnoxiorum // pastorum impediatur, ut per eam
> » stabiliatur, firmetur, vindicetur ; uti vice versa per hanc alte-
> » ram inferiorum pastorum potestatem supremi pastoris potestas
> » non impedienda, sed iuvanda, asserendaque est. Ad rem Gre-
> » gorius Magnus ep. 30 ad Eulogium Alexandrinum : 'Meus
> » namque honor est honor universalis ecclesiae. Meus honor est
> » fratrum meorum solidus vigor. Tunc ego vere honoratus sum,
> » cum singulis quibusque honor debitus non negatur'. » (Mansi,
> 52, 11D-12A).

Il ne s'agit donc pas de nier la nécessité essentielle de l'épiscopat *iure divino*, ni d'imaginer que le pontife Romain dirigerait un jour l'Eglise sans évêques :

> « ... quasi significaretur, aut episcopos, qui sunt pastores particu-
> » lares, non esse in ecclesia iure divino semper debere ; aut
> » Romanum pontificem regere unquam posse ecclesiam absque
> » episcopis seu pastoribus particularibus. » (Mansi, 52, 12B).

Après ce rappel, le 13 mai, à la 50ᵉ congrégation générale, Mgr Pie fit rapport au nom de la Députation de la Foi sur le sens et la portée du nouveau schéma *De Ecclesia* (Mansi, 52, 29-37). Concernant le chapitre III, le rapporteur donne quelques explications sur la coexistence des deux pouvoirs immédiats et ordinaires. Il reprend la distinction *a parte objecti* : « inaequaliter », « subordinate », à laquelle nous avons fait allusion déjà :

> « Neque dicatur, inde duos nasci eiusdem ecclesiae episcopos :
> » 'Inconveniens est, ait beatus Thomas, si duo aequaliter super
> » eandem plebem constituantur, si autem inaequaliter, non est
> » inconveniens : et secundum hoc, super eandem plebem im-
> » mediate sunt et sacerdos parochialis, et episcopus et papa'.
> » [En note : In 4 Dist. 17, q. 3, a. 3, q. 5, ad 3]. Ratio est quia
> » quando duae causae, etiam totales, non sunt eiusdem ordinis,
> » sed una alteri subordinatur, et sunt invicem connexae, non se
> » mutuo excludunt nec confusionem pariunt : sicuti actio Dei
> » in eo quem adhibet concursum, non excludit nec perturbat
> » actionem causarum secundarum. Papa igitur, utpote supremus
> » et universalis pastor et ecclesiae episcopus, nullo prorsus mo-
> » do officit, quin proprius ecclesiae particularis ordinarius, eius-
> » dem ecclesiae nominetur et sit verus sponsus et episcopus. »
> (Mansi, 52, 33AB).

Et c'est de ce point de vue objectif, *de respectiva iurisdictionum relatione*, et non du point de vue concret des personnes, *non in concreto et de persona episcoporum*, qu'il faut comprendre l'adjectif *inferiores* appliqué aux *pastores*.

> « Neque umquam in ulla lingua humana, quanto minus in idio-
> » mate ecclesiastico, episcopos, qui et charactere et auctoritate
> » principes sunt, sub nomine pastorum sive praelatorum *inferio-*
> » *rum* designari continget ; primi sunt ecclesiarum pastores.
> » Et... de episcopis merito praeconio praedicatur, quod eos
> » Christus *pontifices summos* regendis populis praefecerit. »
> (Mansi, 52, 33C).

La première phase des discussions n'a donc pas été inutile. Un rappel occasionnel et fragmentaire de la doctrine de l'épiscopat enlève aux documents conciliaires quelque chose d'apparemment unilatéral. Les débats qui vont suivre nous font connaître aussi le sens exact du vote final qui va les clôturer. C'est pourquoi il n'est pas sans intérêt, il est même positivement indispensable, de nous y arrêter un moment.

§ 2. Discussions et débats

Le 9 mai 1870, le nouveau Schéma *De Ecclesia* fut remis aux Pères. Il fut d'abord l'objet d'une discussion d'ensemble, qui se prolongea de la 51me à la 64me Congrégation générale, donc du 14 mai au 3 juin. Suivit alors une *Discussio specialis*, chapitre par chapitre, aux Congrégations générales 67 à 71, du 9 au 14 juin, qui fut couronnée par le vote final le 18 juillet. Nous nous en tiendrons ici surtout aux remarques et observations qui ont été présentées par les Pères du Concile au cours de la *Discussio specialis*, et singulièrement à propos du chapitre III et du Canon III [5]).

On ne peut dire que la discussion progresse beaucoup ; mais elle a gagné au moins par la clarté des états de la question. Témoin cette intervention de Mgr David, évêque de Saint-Brieuc, sur les deux significations que peut revêtir le vocable « ordinaire » :

« Ordinaria est summi pontificis potestas in universam eccle-
» siam hoc sensu, quod primatui ipsi iure divino haec potestas
» sit ad // nexa, et quando legitime exercetur, nulla omnino
» delegatione indigere concipitur. ... Sed estne ordinaria summi
» pontificis potestas in hoc sensu, quod ordinarie, absque ne-
» cessitate aut evidenti ecclesiae utilitate iuxta merum bene-
» placitum et in qualibet dioecesi, prout ordinarius ipse, per
» se aut per suos munia episcopalia obire possit summus ponti-
» fex ? Quis non videat ex ista confusione incommoda et dissi-
» dia criunda ? Aequivocationem istam gravissimum quid et
» ecclesiae bono funestissimum afferre posse nemo cordatus non
» diffitebitur. » (Mansi, 52, 593D-594A).

Mais, dans l'ensemble, les Pères ne sont pas inquiets des consé-

---

[5]) Les discours des Pères sur l'ensemble du projet apportent peu d'éléments intéressant in recto la question qui nous occupe. Notons que pour Mgr de las Cases, définir *ordinaire et immédiate* la juridiction papale, c'est atteindre la constitution même de l'Eglise (Mansi, 52, 338C).

quences d'une définition éventuelle de la juridiction papale « ordinaire » au sens de « adnexa officio ». Le discours du cardinal Rauscher illustre bien l'impression générale :

> « Si enim ordinaria eo, qui procul dubio intenditur, sensu intel-
> » ligitur, per potestatis divinitus collatae ac immediate exercen-
> » dae, assertionem superflua redditur. » (Mansi, 52, 541C).

Mais il n'est pas possible que deux juridictions soient ordinaires
eodem sensu dans un même diocèse !

> « Duae potestates, quae eodem sensu ordinariae sint, in eadem
> » dioecesi haberi nequeunt. » (Mansi, 52, 541A).

Et le pouvoir qui interviendrait dans un diocèse pour s'occuper
d'activités appartenant « ordinarie » à l'évêque du lieu, comment le
qualifier, sinon en disant qu'il est « extraordinaire » ou qu'il s'exerce
« de manière extraordinaire » ?

> « Episcopi ordinarii nuncupati sunt, quoniam in dioecesi sua
> » ea quae episcopi sunt, ordinarie ipsi peragunt, et eodem sen-
> » su, quo ordinarii sunt. Potestas, cuius vi haec eadem exer-
> » centur, vel extraordinaria est, vel extraordinario modo in dioe-
> » cesi agit. » (Mansi, 52, 541A).

On perçoit le propos de l'archevêque de Vienne. Malheureusement,
le terme « extraordinaire » est précisément celui qui doit être con-
damné, parce qu'il est employé dans une autre intention, radicale-
ment limitative, par Febronius, Eybel et Tamburini. Alors ?

A. *RAPPEL DES ANCIENNES OBSERVATIONS*

Il y a, d'abord, les évêques qui ne saisissent pas exactement
la portée de ces débats. L'intervention de Mgr Vérot, évêque de
Saint-Augustin en Floride, est typique à cet égard par sa candeur et
sa bonhomie.

> « Sed quoad ordinariam et immediatam [potestatem] certe illa
> » verba non respuo nec respuere possum ; etiamsi possum di-
> » cere quod non bene illa intelligo, nempe nescio quomodo
> » illa verba sint interpretanda. Si summus pontifex vult in nostras
> » dioeceses Americae et etiam in vestras dioeceses venire (*ri-*

» *sus*), ridiculum esset pro nobis dicere quod non habet proinde
» potestatem praedicandi vel sacramenta administrandi, hoc
» dicere esset supreme ridiculum ; sed immo campus in America
» vastus est, ut si aliqui ex Roma volunt ad nos venire, certe
» iucundissimi erunt. » (Mansi, 52, 589C).

Mais on ne peut en rester là ! Plusieurs demandent une nouvelle
fois que le terme « ordinaria » soit supprimé. Il est inutile, déclare
Mgr Bravard, évêque de Coutances ; le paragraphe premier est suf-
fisant et parfaitement explicite au sujet des pouvoirs du Pape. In-
sister trop, c'est réduire les évêques à la condition de vicaires du
Pontife Romain [6]. Il est nouveau et peu adéquat, ajoute Mgr Place,
évêque de Marseille ; il n'ajoute rien aux prérogatives pontificales ;
pourquoi ne pas se contenter de reprendre les anciennes définitions
ecclésiastiques, telle celle du IVe Concile du Latran, déjà citée à
diverses reprises ? [7]) C'était aussi l'opinion de Mgr Rauscher [8]). Et
la proposition — notons-le immédiatement — sera de fait acceptée
par la Députation de la Foi (Mansi, 52, 1107A). Le texte définitif du
paragraphe rappelle le passage « ... ordinariae potestatis » du
IVe Concile du Latran, mais « ... ordinariam esse » a été supprimé
(D.-R., n. 1827).

L'opposition des Pères provient aussi du fait que, à leur avis,
la nouvelle version du paragraphe deuxième, plus que l'ancienne,
heurtera les Orientaux. Nous avons déjà relevé les additions de
« *cuiuscumque ritus et dignitatis* pastores atque fideles », et de
« quae *ad disciplinam et regimen Ecclesiae...* pertinent », domaines
auxquels s'applique la juridiction pontificale, déclarée « épiscopale », « ordinaire » et « immédiate ». Que vont devenir les privilèges des patriarches orientaux, demande Mgr J. Papp-Szilágyi,
évêque de Grand-Varadin ? Le « salvis iuribus patriarcharum » n'a-

---

[6]) Mansi, 52, 678C.

[7]) « Illa verba sunt nova et non accurata; patres enim, ut potestatem summam
» Romani pontificis exprimerent, nunquam dixerunt illam esse ordinariam
» et immediatam super omnem ecclesiam, sed eam esse summam, supremam
» et universalem. » (Mansi, 52, 606C).
Pour le reste des observations de Mgr Place, voir Mansi, 52, 606C-607D.

[8]) Mansi, 52, 541C.

t-il pas été proclamé solennellement à Florence ? Ne pourrait-on
rappeler que le gouvernement de l'Eglise est « Petro-apostoli-
cum » [9]) ? La vérité, l'honneur, le salut des âmes, tout exige que l'on
maintienne les prérogatives des patriarches, explique à son tour
Mgr Vancsa [10]). Mais c'est Mgr G. Jussef, Patriarche d'Antioche
de rite melchite, qui défendit le plus vigoureusement les droits et
privilèges des patriarches et des Orientaux en général :

> « Rogavi quidem ut orientalis hierarchia in suis iuribus et pri-
> » vilegiis conservetur ; nunc ergo rogo iterum ut nihil a concilio
> » Vaticano statuatur, quod contra iura, privilegia, consuetudi-
> » nes, rationem et vim huiusmodi hierarchiae ferire videatur. »
> (Mansi, 52, 673D).

Aussi, conclut-il, il faut supprimer les épithètes *episcopalis, ordinaria* et *immediata* telles qu'elles se présentent dans le paragraphe
deuxième ; cela n'enlèvera rien à la primauté :

> « Nihil primatus vi et rationi detrahitur, si eius iurisdictionalis
> » potestas in universam ecclesiam non definiatur esse episcopa-
> » lis, ordinaria et immediata, eo modo quo describitur in sche-
> » mate. » (Mansi, 52, 675C).

Cette appréhension de certains Pères devant l'éventuelle accep-
tation par le Concile d'une formule nouvelle contenant le terme
« ordinaire » s'explique en partie par le fait que, durant cette seconde phase des débats, la possibilité d'abus venant du Saint-Siège
a été plusieurs fois évoquée. La primauté universelle du pontife Romain doit être défendue, disent-ils ; mais il ne faut pas perdre de vue
que les prérogatives épiscopales peuvent aussi être lésées et qu'elles
l'ont été de fait, au dire des Papes eux-mêmes. Le Pape Nicolas V
aurait en effet déclaré, précise Mgr Krementz :

> « Sapientissimus pontifex Nicolaus V in ea, quam, teste Aenea
> » Silvio, ad legatos Germaniae habuit orationem, his verbis usus
> » est : 'Nimis, inquit, ut mihi videtur, Romani pontifices fim-
> » brias suas extenderunt, qui nihil iurisdictionis caeteris episco-

[9]) Voir Mansi, 52, 604D.
[10]) Mansi, 52, 691B-692B.

» pis reliquerunt ; nimis quoque Basileenses apostolicae sedis
» manus abbreviarunt, sed ita evenit. Qui facit indigna, ut
» iniusta ferat, oportet ; arborem, quae in unam partem pepen-
» dit, qui volunt erigere, in partem adversam trahunt. Nobis
» sententia est, in partem sollicitudinis qui vocati sunt, episco-
» pos suo iure minime spoliare : sic enim iurisdictionem nostram
» nos denique servaturos speramus, si non usurpaverimus alie-
» nam. » (Mansi, 52, 682B).

Mgr David, de Saint-Brieuc, rappelle à son tour qu'il y eut dans
l'histoire de l'Eglise des époques où l'épiscopat fut négligé et mé-
sestimé : S. Grégoire le Grand, Jean XVIII et S. Bernard font allusion à ces situations [11]). Mgr Haynald, plus incisif comme d'habi-
tude, tient à redire que des erreurs peuvent être commises. Et il
cite à son appui Bellarmin. Mais au cours de son discours, des ru-
meurs s'élèvent parfois de l'Assemblée conciliaire pour le désap-
prouver [12]). Mgr Desprez, de Toulouse, engage néanmoins à la confiance : « Aliud est enim ius habere, fait-il remarquer, aliud ius illud
opportune importune exercere. » (Mansi, 52, 549D).

* * *

Que faire alors ? Rappeler respectueusement les limites de la
juridiction pontificale et renforcer l'autorité des évêques aux yeux
du peuple chrétien.

Les « limites » de la juridiction pontificale ? L'expression est,
comme telle, ambiguë et peu susceptible de convenir aux Présidents
du Concile. Dans le discours qu'il fit le 9 juin à la 67ᵉ Congrégation
générale. Mgr Landriot, archevêque de Reims, rappelle que les

---

[11]) Mansi, 52, 595B-596A.
[12]) Ainsi, Mansi, 52, 669C. Après avoir cité le court passage de Bellarmin:
« Licet resistere pontifici invadenti animos vel turbanti rempublicam, etc.. », il
poursuit :
    « Reverentiae causa reliqua non lego. Abusus potestatis cuiusvis, vel minus
» rectus usus potestatis cuiusvis hominibus creditae possibilis est, et in
» concurrenti duorum aequalium (rumores) in eadem agendi sphaera iurisdic-
» tione collisiones enasci possunt, perturbatio rerum exoriri potest. »

Orientaux acceptent la primauté du Pontife Romain, mais « salvis iuribus et privilegiis patriarcharum ». Alors, poursuit-il :

> « Quomodo ergo quidam reverendissimi oratores potuerunt di-
> » cere in hac aula, quod concilium Florentinum admiserit po-
> » testatem omnimodam et absolutam et sine ullis absolute limi-
> » tibus ? » (Mansi, 52, 562D).

Tout le discours développe ce thème particulièrement délicat et épineux. Quelques jours plus tard, le 14 juin, au cours de la 71ᵉ Congrégation générale, Mgr Vancsa, archevêque de Fogaras, expose et justifie longuement les mêmes idées [13]). Mais Mgr Freppel, évêque d'Angers, mit les choses au point. En tout ceci, dit-il, on confond droit divin et droit ecclésiastique. La primauté du Pontife Romain est de droit divin ; les privilèges des patriarches concernent le droit ecclésiastique ou humain. Ce qui est de droit divin ne peut être limité ou restreint par ce qui est de droit ecclésiastique seulement. Or, ici, nous élaborons une constitution dogmatique et non une constitution disciplinaire ; il est donc inutile de traiter ici des droits et privilèges des patriarches : ce serait causer de la confusion entre le droit divin et le droit ecclésiastique [14]).

Mais la juridiction épiscopale, elle, est de droit divin. Et nombreux sont les évêques qui demandent qu'on lui accorde une place plus importante, étant donné notamment que certains gouvernements sont loin de favoriser leurs évêques. En effet, souligne Mgr Haynald :

> « Nullo umquam tempore magis necessarium fuerit, ac nostro
> » recte tempore id, ut episcopi maxima qua valent auctoritate,
> » // certe non minori quanta pollebant hucdum pro rebus eccle-
> » siae et contra innumeros ecclesiae hostes dimicare pergant. »
> (Mansi, 52, 670AB).

Sans doute, le paragraphe troisième vient calmer les appréhensions : et toutes les observations faites à son propos tendent uniquement à plus de clarté ou visent des mises au point de détail. Certains

---

[13]) Voir notamment Mansi, 52, 694D-696D.
[14]) Tout le passage est à lire; voir Mansi, 52, 697B-698B.

Pères voudraient le voir plus vigoureux : tel est le sens des changements suggérés par Mgr Bravard par exemple [15]), ou par Mgr Callot,
évêque d'Oran [16]), ou aussi par Mgr Monserrat y Navarro, évêque
de Barcelone [17]). Mais il est inutile de poursuivre ce relevé dont les
éléments sont déjà connus.

* * *

En fait, puisque le schéma ne serait pas retiré - tous les Pères
le savaient - il s'agissait, pour ceux qui désiraient œuvrer utilement,
de l'amender et de le parfaire au maximum. Mgr Monserrat y Navarro essaie une dernière fois d'atténuer la portée de « ordinaria »
en insérant dans le même passage « extraordinarie » (Mansi, 52,
600A). Le Cardinal Rauscher également (Mansi, 52, 541A). Mais
le terme « extraordinarie » était évidemment celui qui convenait le
moins, étant donné la nature des erreurs visées par le Concile ; et
la proposition fut rejetée (Mansi, 52, 1102C).

Restait à préciser la teneur du décret, pour éviter qu'on n'en
tire des conclusions dépassant ou gauchissant la pensée et les intentions réelles des Pères. D'où l'apparition de certains « distinguo » : la seule manière d'ailleurs de fixer les positions respectives.
Ici aussi la clarté d'expression est plus grande sans que, ainsi que
nous l'avons dit, la question elle-même enregistre des progrès no-
tables. Que constate-t-on ? D'abord, l'inégalité ou la subordination
des juridictions ne sont plus guère rappelées, sauf par Mgr Desprez,
archevêque de Toulouse :

> « Quaenam est enim repugnantia, si duo ordinariam in eosdem
> » subditos obtineant iurisdictionem, praesertim si non sint ambo
> » in eodem gradu, sed legitima inter utrumque statuatur subor-
> » dinatio. » (Mansi, 52, 549B).

L'intervention dans un diocèse particulier, expliquent d'autres,
suppose une raison grave, sérieuse, par exemple, lorsque le salut de
l'Eglise est en jeu :

[15]) Mansi, 52, 679AC (ou 52, 1092D-1093A).
[16]) Mansi, 52, 620AB (ou 52, 1093AB).
[17]) Mansi, 52, 600A (ou 52, 1093C).

« ... quoties salus ecclesiae id exigat », dit le cardinal Rauscher
(Mansi, 52, 541C).

Ou encore, d'après Mgr Monserrat y Navarro :

> « ... quin nihil impediat, quod Romanus pontifex illam extraor-
> » dinarie exerceat erga particularium ecclesiarum cuiuscumque
> » ritus et dignitatis pastores atque fideles, dum salus ecclesiae
> » id postulet. » (Mansi, 52, 600A).

Les raisons d'utilité *évidente* ou de nécessité sont reconnues
également, mais dans un sens plutôt limitatif : « solum quoad... »,
souligne Mgr David :

> « Nec tamen plenitudo papalis potestatis sic intelligenda est
> » quod pro libito possit iurisdictionem in omnes per se vel per
> » // alios extraordinarios passim exercere. Sic enim praeiudi-
> » caret ordinariis qui ius habent immediatum, immo et imme-
> » diatissimum super plebes eis commissas. Extenditur igitur ple-
> » nitudo potestatis papae super omnes inferiores, solum quoad
> » potestatem vere episcopalem, dum subest necessitas aut evi-
> » dens ecclesiae utilitas. » (Mansi, 52, 595AB).

B. *UNE ORIENTATION NOUVELLE*

Il est dans cette seconde phase des débats un changement plus
notable, en ce sens qu'il peut éclairer la signification du texte conciliaire définitif. Le terme « ordinaire », - Mgr David l'avait rappelé
avec précision, - peut signifier « adnexum officio ». Or, quelques
Pères, dans leurs interventions, interprètent en ce sens le texte du
chapitre III et du Canon III. C'est ainsi que s'exprime, sans hésiter,
le chef de la minorité, Mgr Dupanloup :

> « Haud inficior quidem, reverendi patres, in quodam et veris-
> » simo sensu iurisdictionem summi pontificis in unamquam-
> » que dioecesim esse episcopalem, cum papa utique sit princeps
> » episcoporum, et ordinariam, cum certe non sit delegata, et
> » immediatam, cum possit in unumquemque directe exerceri. »
> (Mansi, 52, 574C).

C'était aussi l'avis de Mgr David ; du moins, disait-il, ainsi compris,
le texte du chapitre troisième ne fait aucune difficulté (Mansi, 52,

593D-594A). Très bonne remarque en ce sens de la part de Mgr Monserrat y Navarro, bien que la seconde partie de ses réflexions, à cause
du terme *extraordinarie*, soit à rejeter :

> « Docemus proinde hanc primatus sanctae sedis potestatem,
> » quae ad ecclesiam universalem se extendit, esse ordinariam et
> » immediatam, in quantum ex officio primatus destinatur ad con-
> » servationem unitatis intime coniunctae cum bono generali et
> » concordia universali, quin nihil impediat, quod Romanus pon-
> » tifex illam extraordinarie exerceat erga particularium eccle-
> » siarum cuiuscumque ritus et dignitatis pastores atque fideles,
> » dum salus ecclesiae id postulet. » (Mansi, 52, 600A).

Citons aussi, parmi les ultramontains, Mgr Desprez, archevêque de
Toulouse :

> « Quid est enim episcopalis, ordinaria et immediata iurisdictio,
> » nisi spiritualis potestas praelato inhaerens vi sui muneris, qua
> » subditis propriis potest praedicare verbum Dei, ministrare sa-
> » cramenta, leges statuere... » (Mansi, 52, 548C).

Bref, cette interprétation du terme « ordinaria » est en progrès.
Sans doute parce qu'elle a l'avantage d'éliminer le problème épineux, le seul véritablement posé ici, de la coexistence de deux pouvoirs juridictionnels s'exerçant *ordinarie* dans un seul et même diocèse.

Mais les Pères ont constaté en même temps que, même lorsque
la juridiction du Pape est appelée ordinaire en tant que *adnexa
officio*, l'intervention pontificale pourrait encore s'exercer en vertu
d'un autre caractère de cette juridiction. Et il est piquant de voir
que lorsque « ordinaria » ne crée pas de difficulté, c'est sur le caractère « immédiat » ou « plénier » de l'exercice de la juridiction pontificale que portent les réserves et les restrictions.

Il est évident, déclare Mgr Gastaldi, de Saluces (Piémont), que
la juridiction pontificale est *ordinaire*, « quia illam Concilium Late-
ranense IV hoc verbo iam condecoravit ». C'est tout. Cette juridiction est également *immédiate*, ajoute-t-il ; mais...

> « Sed ordo postulat ut semper episcopus intercedat ; propterea

» semper illa communicatio debet esse // mediante episcopo,
» quapropter non debet haberi immediata. Ordo id postulare
» potest frequentissime, et quoties ordo id postulaverit, toties
» hunc ordinem semper Romanus pontifex servabit. Sed fre-
» quentissime potest contingere ut Romanus pontifex indigeat
» immediate communicare cum ovibus, cum discipulis, cum
» filiis ; et quando et quotiescumque prudens, necessarium, utile
» id iudicaverit, episcopus illius ovis, vel filii vel discipuli, non
» potest insurgere... » (Mansi, 52, 614D-615A).

De même, le Cardinal Rauscher propose de supprimer *ordinaria*
et de se contenter de *immediata*. Mais lui aussi stipule ensuite que
ces interventions « immédiates » dans un diocèse particulier ne
peuvent se produire sans norme aucune :

« Omittatur vox « ordinariam » et dicatur *immediatam esse* :
» cum pontifici adiudicatur iurisdictio in singulas quasvis eccle-
» sias immediate exercenda, absque ambiguitate asseritur ei
» potestatem esse in quamlibet dioecesim et, quae episcopi
» sunt, peragere, quoties salus ecclesiae id exigat. » (Mansi, 52,
541C).

Bref, même réaction, mêmes critères, mais qui sont exprimés à propos de *immediata* lorsque *ordinaria* paraît ne poser aucun problème.

Mgr David, qui reconnaît la juridiction papale *ordinaria* en tant
que « adnexa officio », rattache les restrictions habituelles à *plena* :
l'exercice de cette juridiction plénière ne doit s'exercer dans une
Eglise particulière que lorsqu'il y a nécessité ou utilité évidente :

« Plenitudo potestatis ecclesiasticae, dit-il avec Gerson, non
» potest esse de lege ordinaria, nisi in unico summo pontifice ;
» nec tamen plenitudo papalis potestatis sic intelligenda est quod
» pro libito possit iurisdictionem in omnes per se vel per alios
» extraordinarios passim exercere. Sic enim praeiudicaret ordi-
» nariis qui ius habent immediatum, immo et immediatissimum
» super plebes eis commissas. Extenditur igitur plenitudo potes-
» tatis papae super omnes inferiores, solum quoad potestatem
» vere episcopalem, dum subest necessitas aut evidens eccle-
» siae utilitas. » [18].

---

[18] Mansi, 52, 595AB. C'est qu'en effet, cette *plénitude* est à comprendre selon

Quant à Mgr Haynald, il considère plutôt la *finalité* de la primauté : c'est elle qui constitue la norme de l'intervention du Pape dans un diocèse particulier :

« ... omnia omnino agere potest primatialis potestas, quae agit
» episcopus, si finis primatus id exigat, ad hunc scopum ut uni-
» tas servetur, concordia animarum procuretur, defectus sup-
» pleantur, abusus tollantur, mala amoveantur vel praecavean-
» tur, cuncta denique ad sublimes ecclesiae fines salubriter et
» sapienter dirigantur. » (Mansi, 52, 668D).

Voilà où l'on en était à la fin des discussions [19]). Certaines *emendationes* ont été présentées par écrit [20]) ; mais elles n'ajoutent rien à ce que nous avons dégagé des débats. On pouvait donc passer à la déclaration ultime de la Députation de la Foi et au vote final.

§ 3. Ultimes précisions et vote final

Pendant les discussions de l'Assemblée générale, la Députation de la Foi ne restait pas inactive. Elle examina les remarques des Pères relatives au chapitre troisième, y consacrant, du 19 au 26 juin, les séances 48 à 51. Les membres de la Députation discutaient sur la base d'un résumé des observations présenté par le P. Kleutgen [21]). Ce résumé est important, parce qu'il servira de fil conducteur à l'ultime mise au point donnée aux Pères par Mgr Zinelli, évêque de Trévise, au nom de la Députation de la Foi. Il est important surtout, parce qu'il va permettre de préciser authentiquement le sens

---

sa signification *évangélique*. « ... notionem plenitudinis potestatis, rappelle Mgr Krementz, non esse petendam ex analogia potestatum terrestrium, vel ex arbitrariis et subtilioribus verborum explicationibus, in quibus quisque quod quaerit invenit, sed esse derivandam ex ipsa constitutione, quam Christus Dominus ecclesiae suae dedit, et regimen huius ecclesiae non posse adaequate comparari monarchiae vel absolutae vel temperatae, vel aristocratiae vel alii huiusmodi. » (Mansi 52, 683B).

[19]) Le résumé de celles-ci se lit dans Mansi, 52, 1080B-1098A.

[20]) Cfr Mansi, 52, 1098A-1099.

[21]) On trouvera cet elenchus — il s'agit toujours du chapitre troisième — dans Mansi, 52, 1080B-1098A.

exact des termes et des doctrines au sujet desquels les Pères vont engager leur autorité de magistère. Au cours de la 83ᵉ Congrégation générale, réunie le 5 juillet [22]), Mgr Zinelli fit d'ultimes mises au point, auxquelles on reconnaîtra la netteté et la précision, avec, parfois, une nuance d'ironie. Ces mises au point étaient faites en suivant l'ordre des observations résumées par le P. Kleutgen ; mais le Rapporteur s'arrêtait volontiers aux remarques présentées par les leaders de la Minorité, tels Mgr Dupanloup et Mgr Jussef, pour donner, à leur occasion, les éclaircissements les plus importants.

A. LE RAPPORT DE MGR ZINELLI

Premier grief : la Constitution *Pastor aeternus* traite uniquement des prérogatives de la Papauté, si bien que l'épiscopat paraît diminué, et incomplète la doctrine de l'Eglise. Mgr Zinelli y répond, toujours brièvement, comme il le fit à Mgr Jussef, par exemple :

« Dein de iuribus episcoporum agit, de quibus sermo erit, cum
» agemus de episcopis. » (Mansi, 52, 1103CD).

C'est clair et net. De fait - nous l'avons vu - un chapitre *de ecclesiastica hierarchia* fait partie de la *Constitutio secunda de ecclesia*. Il n'y avait rien d'autre à dire, et Mgr Zinelli s'abstint de tout commentaire.

Autre difficulté : les droits et privilèges des patriarches et des orientaux en général, que les conciles et les papes avaient toujours promis solennellement de respecter intégralement. Ici également, la position de la Députation de la Foi est précise. Le Concile s'occupe des doctrines qui sont de droit divin : les prérogatives papales et épiscopales. Il ne vise pas ce qui est de droit ecclésiastique, ou de droit humain : telles les prérogatives des patriarches et certains

---

[22]) La *Relatio* se trouve dans Mansi, 52, 1100B-1119A. Mgr Zinelli commença comme suit :

« Qui nunquam ambonem ascendi, non mea voluntate, sed eminentissimi prae-
» sidis Deputationis vestrae de fide, cuius mihi iussa capessere incumbit,
» hodie ascendo, ut referam coram hoc, quo nihil augustius dari potest, con-
» sessu, nomine ipsius Deputationis de emendationibus capitis III partis pri-
» mae constitutionis de ecclesia. » (Mansi, 52, 1100B).

privilèges. Autrement dit : la constitution *Pastor aeternus* est, à parler strictement, dogmatique, et non disciplinaire. Voici, par exemple, ce que Mgr Zinelli répond à Mgr Vancsa :

« ... nos hic versari in privilegiis iure divino concessis Romano
» pontifici ; ac proinde nos loqui de superioritate iure divino
» pertinente ad primatum : nullo modo igitur derogatur per de-
» finitiones, quae hic ferentur, privilegiis iure humano ac proin-
» de mutabili forsan competentibus patriarchis. » (Mansi, 52,
1103BC).

Et à Mgr Bravard, sur ce même sujet :

« ... caeteroquin, cum ad leges disciplinares pertineat, hic ubi
» agitur de constitutione dogmatica, locum habere non potest. »
(Mansi, 52, 1102B).

Plusieurs fois encore, Mgr Zinelli y fait allusion [23]). La remarque serait pertinente, ajoute-t-il, s'il s'agissait d'une constitution disci-plinaire abolissant les privilèges reconnus :

« Recte obiectio procederet, si in constitutione disciplinari per
» generale decretum cum derogatione consuetudinum expresse
» abolerentur privilegia. » (Mansi, 52, 1103C).

* * *

C'est à Mgr Dupanloup que seront adressées les mises au point capitales sur le sens des termes *episcopalis, ordinaria* et *immediata*. Après avoir expliqué que *episcopalis* désigne l'œuvre même du mi-nistère, du magistère et du gouvernement propre à tout évêque, Mgr Zinelli fixe le sens donné par la Députation de la Foi aux termes *ordinaria et immediata* :

« At non solum excludunt attributum episcopalis, sed et adiec-
» tiva *ordinaria et immediata*. Etiam hic prius sensus vocabu-

---

[23]) Par exemple à Mgr Vancsa encore:
« ... haec privilegia nullo modo, ut diximus et rursum dicemus, pertinent
» ad constitutionem dogmaticam. » (Mansi, 52, 1102D).
Ou à Mgr Jussef:
« ... de privilegiis patriarcharum orientalium, ut nuper diximus, in hac
» constitutione dogmatica locus non est. » (Mansi, 52, 1103D).

» lorum inspiciendus. Apud omnes iurisconsultos aut iuris cano-
» nici doctores, apud omnia acta ecclesiastica dividitur potestas
» in ordinariam et delegatam. Omnes dicunt potestatem ordina-
» riam, quae alicui competit ratione muneris, delegatam, quae
» non competit alicui ratione muneris, sed nomine alterius exer-
» cetur, in quo est ordinaria. Explicato sensu vocabulorum, lis
» ut videtur Deputationi, finita est ; nam potestas quae summo
» pontifici tribuitur, nonne est in illo ratione muneris ? Si est
» ratione muneris, est ordinaria. Immediata autem, quomodo
» distinguitur a mediata ? Immediata est ea potestas, quae exer-
» ceri potest sine adhibito medio necessario, scilicet medio ad
» quod adhibendum tenemur.

» At papa potestne omnia episcopalia quae enuntiavimus
» supra, exercere per se in omibus dioecesibus, quin obligetur
» uti medio episcopi particularis ecclesiae ? aut ipse necessario
» debet licentiam petere ab episcopo, ut ex. gr. sacramentum
» confirmationis impertiatur, aut confessionem excipiat a fideli-
» bus ? Quoties ab aliquo reverendissimo oratore petitum fuit,
» num papa indigeat hac licentia, risus in hoc concessu est exci-
» tatus, credo etiam illorum, qui eliminationem vocis *immedia-*
» *tae* poposcerunt. Alia eloquentiori refutatione emendationis
» non indigemus. Maneant igitur haec adiuncta *ordinariae, im-*
» *mediatae, episcopalis.* » (Mansi, 52, 1105AC).

C'est donc *ordinaria* au sens de *adnexa officio* qui est soumis à
l'approbation des Pères.

* * *

La constitution *Pastor aeternus* comporte au chapitre III un
paragraphe troisième *Tantum autem abest* extrêmement précieux aux
yeux des Pères, puisqu'il affirme dogmatiquement que les prérogatives papales ne peuvent porter atteinte aux droits divins de l'épiscopat. Certains évêques auraient désiré trouver une précision à ce
propos, quelque indication, quelque norme fixant, fût-ce de façon
générale, les domaines ou les modes d'exercice propres à chaque
organe. Ce moment de la discussion était particulièrement délicat.
On pourra constater ci après, en en revoyant quelques phases, que
si les remarques des Pères manquaient parfois de pertinence dog-

matique parfaite, les réponses de Mgr Zinelli, toujours négatives, n'apportaient, elles non plus, aucune clarté au débat.

A Mgr Vérot, qui avait proposé d'ajouter à la déclaration de la plénitude de juridiction pontificale, que :

> « Etenim suam auctoritatem iuxta sanctos canones esse exercen-
> » dam semper professi sunt Romani pontifices. » (Mansi, 52,
>   1082A),

Mgr Zinelli répond :

> « Haec emendatio aut est superflua, aut est periculosa. Nam
> » per ipsam insinuaretur, certe contra intentionem auctoris, ple-
> » nitudinem potestatis pontificiae coarctandam intra certos limi-
> » tes, quod certe nemo, ut quidem mihi videtur fieri, a concilio
> » Vaticano serio petere potest. » (Mansi, 52, 1102B).

Mgr Jussef avait fait remarquer que la constitution dogmatique de l'Eglise ne peut être appelée monarchique, sans plus, Saint Thomas lui-même ayant écrit que l'autorité de l'Eglise réside *principaliter* dans le Souverain Pontife :

> « ... servatur ecclesiae forma a Christo data, quae licet non sit
> » *constitutionalis*, tamen certo certius est eam non esse omnino
> » *absolute monarchicam*. Divus Thomas, 2ᵃ 2ᵃᵉ, q. 11, art. 2
> » loquens de auctoritate ecclesiae universalis ait, hanc auctorita-
> » tem *principaliter* esse in summo pontifice : si *principaliter*,
> » ergo neque *unice*, neque *totaliter*. » (Mansi, 52, 1096C).

Mgr Zinelli, à cette occasion, précisa la portée du terme « monarchique » lorsqu'il est appliqué à l'autorité papale :

> « Si intelligit non esse absolute monarchicam, quia formam re-
> » giminis ecclesiastici ipse divinitus fundator instituit, et hanc
> » formam nec concilia oecumenica possunt destruere, certe hoc
> » verum est ; et nemo sanus dicere potest, aut papam aut con-
> » cilium oecumenicum posse destruere episcopatum caeteraque
> » iura divina in ecclesia determinata. At hoc minime infirmatur
> » per tres canones. // Si autem intelligit auctoritatem s. ponti-
> » ficis coarctari a quacumque auctoritate humana aut aequali
> » aut superiori, hoc sensu falsum asserit ; et hic error per tres
> » canones damnatur. » (Mansi, 52, 1114D-1115A).

Mgr Jussef, par ailleurs, avait suggéré d'indiquer une sorte de norme objective fixant, si pas les limites, du moins les conditions d'intervention régulière de la papauté dans un diocèse particulier. Il proposait le texte suivant :

« Docemus proinde ac declaramus plenam hanc atque supre-
» mam iurisdictionis potestatem ... tantumque patere, quantum
» hierarchica subordinatio et unitas fidei ac communionis expos-
» tulant, ut universi Dominici gregis unitas sub uno supremo
» pastore consistat atque servetur. » (Mansi, 52, 1086A).

La Députation de la Foi refuse ce changement de texte, celui-ci lui paraissant vague, ambigu et livrant au jugement privé la fixation des limites de la juridiction pontificale :

« ... et proponit primum aliqua substituenda, quae sensum va-
» gum et ambiguum, ac proinde in praxi periculosum praebe-
» rent : nam privato iudicio videtur, certe contra intentionem
» reverendissimi, ab ipso relinqui quoad usque porrigatur iuris-
» dictio pontificia. » (Mansi, 1103C).

Mais peut-être serait-il possible, dans le même but, d'introduire une formule aussi traditionnelle que « in aedificationem » et « in destructionem » : tel était le vœu de Mgr Landriot, qui propose le texte suivant, repris à P. Ballerini :

« Omnia potest summus pontifex in ecclesiae regimine, sed ea
» conditione, ut huius potestatis usus in aedificationem sit, et
» non in destructionem. » (Mansi, 52, 1097B).

Non, répond Mgr Zinelli, car cela va de soi :

« Quae proponuntur a reverendissimo oratore addenda // ab
» omnibus subintelliguntur, ut iam dictum est : nam quis sus-
» picari posset, pontifici auctoritatem datam esse ad destruc-
» tionem et non potius ad aedificationem ecclesiae ? » (Mansi,
52, 1115D-1116A).

On aura constaté que la proposition porte sur l'*usus*, tandis que la Députation de la Foi parle de *data*. Bref, réponse négative sur toute la ligne, les suggestions ne paraissant ni heureuses, ni perti- nentes, ni éclairantes.

Mais, si le texte de la constitution demeure ainsi muet sur le *comment* de cette union harmonieuse entre la juridiction pontificale et la juridiction épiscopale, le commentaire de la Députation de la Foi - qui fixe, comme nous l'avons dit, la portée de la définition conciliaire - fait allusion à la difficulté, écarte certaines interprétations erronées et rappelle la manière raisonnable de l'envisager :

« Nullo modo autem turbemur, ne in regimine particularium
» ecclesiarum ex hac ordinaria, immediata, episcopali potestate
» concurrente cum illa, quae est propria episcopi unius aut alte-
» rius dioecesis oriatur confusio. Confusio oriretur, si duae pares
» iurisdictiones concurrerent, minime cum altera alteri sit subor-
» dinata. Certe, si summus pontifex, sicut habet ius peragendi
» quemcumque actum proprie episcopalem in quacumque dioe-
» cesi, se ut ita dicam multiplicaret, et quotidie, nulla habita
» ratione episcopi, ea quae ab // hoc sapienter determinaren-
» tur, destrueret ; uteretur non in aedificationem, sed in destruc-
» tionem sua potestate ; confusio oriretur in spirituali adminis-
» tratione. At quis nec per somnium quidem excogitare posset
» tam absurdam hypothesim ? Acquiescant omnes igitur ; et
» moderatione sanctae sedis confisi, nullum dubium moveant
» auctoritatem sanctae sedis praesidio futuram, non laesioni
» episcopalis potestatis. » (Mansi, 52, 1105CD).

Les restrictions sont réduites au minimum ; au souci de norme objective, il est répondu par un appel à la confiance dans la modération du Saint-Siège. Mais il est clair, du moins, que le mode d'exercice qu'on reconnaît solennellement au Pape n'est pas celui des évêques qui s'exprime par « ordinarie ». Il ne s'agit pas du tout de cela. Ces précisions sont d'une importance capitale.

* * *

La prise de position de la Députation permanente est encore éclairée par deux exemples qui en sont comme l'illustration, bien qu'on ne puisse, à parler sincèrement, y trouver beaucoup de lumière. Il s'agit de deux passages repris à des théologiens non suspects d'ultramontanisme, Noël Alexandre et Gerson. Nous donnerons d'abord cette partie du discours de Mgr Zinelli ; ensuite, nous en examinerons la portée.

« Liceat mihi, antequam finem faciam, confirmare sententiam
» Deputationis de fide quoad duo verba *immediatam et ordina-*
» *riam* potestatem, adducendo duas auctoritates certe non sus-
» pectas illis, qui contraria sentiunt ; nempe Natalis ab Alexan-
» dro [*Hist. eccl.* diss. IV in saec. I, § IV, schol. III] : 'Roma-
» nus pontifex (sic dicit) summam habet eamque ordinariam in
» ecclesia universa potestatem et auctoritatem, // quam non
» extraordinariis dumtaxat casibus (nec ideo pro supplenda tan-
» tummodo praelatorum negligentia) et ecclesiae periculis, sed
» semper exercere potest, et in fideles universos, et in ipsos
» ecclesiae totius episcopos, quia *pastorum omnium unus est*
» *pastor*'. Quae verba doctus scriptor exscripsit ex s. Eucherio
» Lugdunensi. Sed quod quam maxime arridet, sunt verba Ger-
» sonii. Thomassinus [*Vet et Nov. Eccl. discipl.*, P. I, lib. I,
» cap. 6, n. 14.] notaverat Gersonium pro errore habuisse, *quod*
» *papa non sit immediatus praelatus omnium fidelium, nec*
» *sponsus ecclesiae universalis, sed solius Romae.* Pro illis autem
» qui offenduntur voce *episcopalis* praeter alia quae possunt ad-
» duci, consulant concilium provinciale Coloniense an. 1860, et
» cap. XXV legent haec verba : 'Romano pontifici ut ecclesiae
» capiti et fundamento visibili, episcoporum principi, et pastori
» supremo vera iurisdictio episcopalis competit in universam
» ecclesiam'. » (Mansi, 52, 1105D-1106A).

C'est le passage repris à Noël Alexandre qui nous intéresse directement.

Le P. Alexandre (1639-1724), O. P., professeur de théologie au couvent de Saint Jacques, à Paris, est considéré comme un auteur brillant et un esprit universel. Il eut cependant quelques démêlés avec les autorités romaines lorsqu'il publia ses *Selecta historiae ecclesiasticae capita, et in loca ejusdem insignia dissertationes histo-ricae, chronologicae, dogmaticae* qui parurent en 26 volumes de 1676 à 1686. Ces dissertations historiques allaient du Ier au XVIe siècle. Tout alla bien jusqu'au tome XIV. Mais les volumes suivant trai-taient des différends entre le Sacerdoce et l'Empire durant les XIe et XIIe siècles. D'aucuns estimèrent que, dans ces volumes, l'histoire du P. Alexandre témoignait de tendances gallicanes. Et on était précisément en 1682, au lendemain de l'Assemblée du clergé. L'*Histoire ecclésiastique* fut interdite et le P. Alexandre, menacé de censures. Le texte fut corrigé par la suite et complété plus tard par les PP. Roncaglia, Mansi et Zaccaria.

Mais quelle est la portée de ce texte ? Nous avons déjà vu le sens qu'ont pu lui donner les Pères du Concile au cours de la première phase des discussions. Pour ce qui concerne la deuxième phase, celle qui nous occupe pour le moment, les conclusions sont identiques. Le *semper* réapparaît dans les interventions de deux Pères, dans la bouche desquels il ne peut évidemment pas avoir le sens de *ordinarie* [24]) ! Chez le P. Alexandre non plus, étant donné les tendances « gallicanes » qu'on a relevées dans les volumes traitant de la papauté médiévale. Mgr Zinelli le cite avec Gerson comme deux autorités « non suspectes » ; il est donc heureusement surpris de trouver en ces deux auteurs des appuis pour sa thèse. Mais ce renfort ne va pas jusqu'à faire donner à *semper* la signification même d'*ordinarie*. Personne n'y pense d'ailleurs. Pas même Mgr Zinelli, qui précise, dans sa *Relatio* :

> « Certe, si summus pontifex, sicut habet ius peragendi quem-
> » cumque actum proprie episcopalem in quacumque dioecesi,
> » se ut ita dicam multiplicaret, et quotidie, nulla habita ratione
> » episcopi, ea quae ab hoc sapienter determinarentur, destrue-
> » ret ; uteretur non in aedificationem, sed in destructionem sua
> » potestate. » (Mansi, 52, 1105CD).

---

[24]) On trouve cette expression dans l'*animadversio* de Mgr Dinkel, approuvée par Mgr Scherr, Mgr Deinlein, le cardinal Schwarzenberg, Mgr Hefele (Mansi, 51, 930B). On la rencontre également chez Mgr Haynald, auquel s'était joint un groupe d'évêques de l'Europe centrale (Mansi, 51, 939AB). Nous avons cité ces passages in-extenso au chapitre premier, p. 51. Le contexte le plus patent, sans compter la personnalité de ces Pères, montre avec un maximum de certitude que *semper* ne signifie nullement *ordinarie*. Et sans doute est-ce déjà une interprétation, et précieuse, que nous en donne Mgr Monetti, évêque de Cervia, lorsqu'il nous dit que le Pontife Romain peut exercer son pouvoir juridictionnel « quovis tempore » (Mansi, 51, 953B).

B. *LE VOTE DE LA CONSTITUTION*

Après le rapport de Mgr Zinelli, les divers changements adoptés — et, indirectement, le rejet de certaines suggestions — furent soumis, l'un après l'autre, au vote de l'assemblée conciliaire [25]). Après quoi, le texte amendé - le P. Kleutgen fut chargé de ce travail - fut présenté par celui-ci à la Députation de la Foi, le 11 juillet, à la 56e Séance [26]). Il fut alors distribué aux Pères et soumis à leur vote le 13 juillet, au cours de la 85e Congrégation générale. Séance célèbre, puisqu'elle allait décider aussi de la définition de l'infaillibilté pontificale, objet du chapitre quatrième de la Constitution *Pastor aeternus* [27]). La Constitution fut d'abord soumise au vote des Pères, chapitre par chapitre. Le chapitre III fut approuvé à une forte majorité par assis et levé, et donc d'une façon assez globale [28]). On passa ensuite au vote de l'ensemble de la Constitution. Cette fois, le vote était nominal. Il y eut, en dehors des 18 absents excusés, 451 *placet*, 88 *non placet* et 62 *placet iuxta modum* [29]).

Les votes *placet* et *non placet* sont nets et n'appellent aucun commentaire. Mais les *placet iuxta modum*, impliquant un accord de principe à condition d'apporter un changement, peuvent nous donner quelque nouvelle lumière. La *Collectio Conciliorum* de Mansi nous a conservé le résumé des efforts ultimes de certains Pères pour amender la constitution *Pastor aeternus* [30]). Qu'en est-il pour le chapitre troisième ?

Un groupe d'évêques s'efforce d'obtenir *in extremis* la suppres-

[25]) On en trouve le détail dans Mansi, 52, 1117C-1119A.

[26]) On peut lire au compte-rendu de cette séance:
« referente patre Peters reformatum est *caput III* et *IV* secundum emenda- » tiones in congregatione generali admissas ad eam formam, qua impressum » exstat. » (Mansi, 53, 275B).

[27]) Le texte du chapitre III de la Constitution présenté aux Pères se trouve dans Mansi, 52, 1232C-1233D.

[28]) Ce premier vote se faisait, d'après le Règlement du Concile, par assis et levé. Lorsqu'on demanda que les Pères favorables au chapitre III se lèvent, « longe maior pars patrum surrexit » et lorsqu'on pria ceux qui y étaient opposés de se lever à leur tour, « longe minor patrum pars surrexit » (Mansi, 52, 1243AB).

[29]) Voir Mansi, 52, 1243C-1253C, la liste des Pères et le sens de leur vote.

sion de l'adjectif *episcopalis* [31]). Mgr Landriot insiste pour que l'on
cite le passage de P. Ballerini, où il est expliqué que le gouvernement de l'Eglise est « ex monarchico et aristocratico mixtum » [32]).
Mgr Majorsini, qui désire la suppression du paragraphe deuxième,
voudrait aussi transformer le paragraphe cinquième en ajoutant *in
spiritualibus* et *servata forma sacri Concilii Tridentini*[33]). Par ailleurs,
Mgr Dreux-Brézé, évêque de Moulins, suggère de supprimer le paragraphe troisième *Tantum abest...*, qu'il juge inutile et peu révéren-
cieux à l'égard du Pape. En effet, dit-il, ou bien la coexistence des
deux juridictions — pontificale et épiscopale — se fonde sur des
raisons juridiques, et alors il eût fallu les donner au lieu de citer
Saint Grégoire le Grand ; ou bien cette coexistence s'explique en
vertu d'un constat historique, et alors il eût fallu montrer la modération dont le Saint-Siège a fait preuve au cours des siècles [34]). Les
autres suggestions nous concernent moins directement, et on pourra
les retrouver aisément.

Ces *observationes* ne furent pas simplement confiées aux archives. Elles furent examinées par la Députation de la Foi et dès
rapporteurs prirent la parole à leur sujet le 16 juillet, à la 86ᵉ Con-

[30]) Pour l'ensemble des *Exceptiones*, voir Mansi, 52, 1263A-1302D. Les *Exceptiones* relatives au chapitre III se lisent dans Mansi, 52, 1271C-1276B.

[31]) Mgr Dubreuil, Mgr Melchers, Mgr Riccio, Mgr Gallo, Mgr Hindi, et un
Père anonyme, sans compter Mgr Majorsini, qui désirait qu'on supprimât tout le
paragraphe deuxième. (Voir Mansi, 52, 1272A-C).

[32]) « ... sequitur idcirco regimen ecclesiasticum, cui papa et // episcopi prae-
» sident institutione divina, non esse mere monarchicum, sed esse regimen
» ex monarchico et aristocratico mixtum. » (Mansi, 52, 1271D-1272A).

[33]) Il en résulterait ceci :
« Et quoniam divino apostolici primatus iure Romanus pontifex universae
» ecclesiae praeest, docemus etiam et declaramus, eum esse iudicem supre-
» mum fidelium *in spiritualibus*, et in omnibus causis ad examen ecclesiasti-
» cum spectantibus ad ipsius posse iudicium recurri, *servata forma sacri Con-
» cilii Tridentini sess. XXIV de refor. cap. 20*;... » (Mansi, 52, 1239AB avec
1273C).

[34]) « Aut enim summorum pontificum iurisdictio episcopali // iurisdictioni
» non officere dicitur propter rationem iuridicam : possibilem, scilicet, cum
» ordine debito, utriusque iurisdictionis coexistentiam ; aut propter rationem
» historicam, assuetam scilicet sanctae sedis moderationem. » (Mansi, 52, 1272D-
1273A).

grégation générale [35]). Mgr Zinelli fit part de la position de la Députation de la Foi concernant les ultimes remarques faites au sujet du chapitre troisième.

En ce qui concerne le terme *episcopalis*, dit-il, tout a été expliqué à la Congrégation générale précédente et les Pères l'ont accepté. Il n'est donc pas question de revenir sur ce sujet [36]).

A Mgr Landriot, Mgr Zinelli signale que cette proposition a déjà été rejetée précédemment. Il est bien entendu, ajoute-t-il, que l'épiscopat est d'institution divine et qu'il ne peut être supprimé ni par un pape, ni par un concile oecuménique. Mais cela n'implique pas que le pouvoir pontifical soit « limité » par le pouvoir épiscopal [37]). En lisant la réponse de Mgr Zinelli, on se demande néanmoins pourquoi il n'a pas évité une expression aussi ambiguë que « destruere totum episcopatum » ?

La requête de Mgr Majorsini — comme toutes celles qui suggèrent de formuler une limitation de la juridiction pontificale — donne au rapporteur de la Députation de la Foi l'occasion de rappeler la position de celle-ci, et avec quelque vigueur :

> « Parcat reverendissimus, sed in constitutione // dogmatica limi-
> » tare iurisdictionem summi pontificis, quae est iuris divini, per
> » leges humanas, quarum ipse supremus dispositor est, et quas
> » ipse potest mutare et abolere, est laesio potestatis supremae
> » contraria omnino concilio Tridentino, quod in omnibus vult
> » salvam auctoritatem sanctae sedis apostolicae » [38]).

[35]) Mansi, 52, 1302D-1317B.

[36]) Mansi, 52, 1310D.

[37]) « Ad auctoritatem Ballerini aliorumque respondeo, nihil aliud ipsos signi-
» ficare quam id quod in nostra constitutione apertissime dicitur, episcopos in
» ecclesia esse ex institutione divina, eos habere in propria dioecesi ordina-
» riam et immediatam potestatem, et in arbitrio non esse nec Romani ponti-
» ficis nec concilii oecumenici destruere totum episcopatum, sicut nec caetera
» quae sunt institutionis divinae. De hoc nulla est quaestio. At in significatu
» obvio illi, qui asserunt regimen ecclesiae esse monarchicum mixtum aristo-
» cratico, intelligunt potestatem pontificis limitari potestate episcoporum, ita
» ut in eo non sit vere suprema et plena potestas, sed dumtaxat in corpore
» episcoporum cum ipso; quae doctrina sic exclusive intellecta est omnino
» falsa. » (Mansi, 52, 1310B).

[38]) Voir Mansi, 52, 1311D-1312A. On notera, en passant, l'équivalence entre *Summus pontifex* et *Sedes apostolica*.

Quant à l'intervention de l'évêque de Moulins, très significative de l'ambiance des milieux ultramontains, elle donna à Mgr Zinelli l'occasion de défendre le paragraphe troisième et, par là, de faire mieux connaître la pensée de la Députation de la Foi sur la place organique de l'épiscopat dans l'Eglise. Ce paragraphe n'est pas inutile, répond-il, car cent fois on a protesté contre l'absence d'une déclaration conciliaire sur les prérogatives épiscopales. Il n'est pas irrévérencieux à l'égard du Pape, car celui-ci désire que les droits des évêques soient proclamés, et sans ambiguïté [39]).

Mgr Zinelli clôtura très heureusement son exposé en indiquant les problèmes théologiques qui n'étaient d'aucune manière impliqués ni résolus par le chapitre III : origine de la juridiction épiscopale, origine de l'infaillibilité du corps épiscopal [40]). On pouvait donc procéder au vote final.

C'est le lundi 18 juillet, à la quatrième Session Publique, que fut approuvée la constitution *Pastor aeternus*. En session publique, les votes devaient être formulés uniquement par *placet* ou *non placet*. Les Pères qui estimaient devoir voter *non placet* jugèrent préférable de ne pas se présenter à la séance et reprirent le chemin de leur diocèse, après en avoir averti les Présidents du Concile [41]). Le vote donna comme résultat : 533 *placet* et 2 *non placet* [42]).

---

[39]) « Primo, tantum abest ut sit inutilis, quod necessaria omnino fuit iudicata » ad satisfaciendum centies repetitis obiectionibus illorum, qui timebant ne » per assertam Romano pontifex auctoritatem vere episcopalem, ordinariam » et immediatam in singulis dioecesibus, ad nihilum redigeretur et negaretur » potestas singulorum episcoporum. Asserendum igitur erat a concilio Vaticano » clare contrarium, ut omnis falsa interpretatio tolleretur. Secundo, ait, est » parum accommodata reverentiae debitae summo pontifici. At summus pon- » tifex certe desiderat proclamari sine ulla ambiguitate iura // episcoporum, » nec reverentiae sibi debitae propter hoc incusat deesse episcopos. » (Mansi, 52, 1311BC).

[40]) Voir Mansi, 52, 1314AC.

[41]) Documents officiels dans Mansi, 52, 1325A-1328C.

[42]) Mansi, 52, 1335AB.

§ 4. Un commentaire autorisé

Les documents qui suivent datent de 1875. Et cependant, nous les publions ici, et non en appendice, avant de tirer les conclusions des débats conciliaires, car ils constituent véritablement un commentaire autorisé de ceux-ci. Il s'agit d'une *Déclaration* signée par vingt-trois prélats allemands ayant presque tous pris part au Concile, et d'une *Lettre apostolique* de Pie IX, leur donnant une chaleureuse approbation.

A. *LA DÉCLARATION DE L'ÉPISCOPAT ALLEMAND*

Le *Staats-Anzeiger* publia en 1874 une ancienne dépêche-circulaire du chancelier Bismarck relative au Concile du Vatican et aux termes de laquelle les décrets conciliaires auraient pratiquement supprimé les prérogatives épiscopales au profit de la Papauté. D'où une *Déclaration collective* de l'épiscopat allemand, afin de mettre les choses au point. La prise de position est claire ; elle se présente comme un commentaire autorisé des décisions du Concile ; elle reçut immédiatement une approbation louangeuse du Pape. Nous la publions in-extenso, en suivant généralement la traduction française donnée à l'époque par le cardinal Dechamps [43]). Elle se passe de tout commentaire.

DÉCLARATION DE L'ÉPISCOPAT ALLEMAND

» *L'Indicateur de l'Etat* a publié, il y a peu de temps, une dé-
» pêche circulaire de M. le chancelier de l'empire, prince de
» Bismarck, datée du 14 mai 1872, et relative au futur conclave.
» D'après la déclaration expresse de l'*Indicateur*, cette dépêche
» était la base de tous les documents relatifs à la politique ecclé-
» siastique souvent mentionnés dans le procès du comte d'Ar-
» nim et qui ont été soustraits à la publicité.

[43]) *Œuvres complètes de S. E. le Cardinal Dechamps.* Malines, Dessain, t. XII, p. 134-139. On trouvera le texte allemand dans *Irénikon*, 1956, p. 143-148, en appendice à un article de O. ROUSSEAU, *La vraie valeur de l'épiscopat dans l'Eglise, d'après d'importants documents de 1875.*

»   Cette dépêche part de cette hypothèse que 'par le Concile
» du Vatican, et par ses deux plus importantes décisions, sur
» l'infaillibilité et la juridiction du Pape, la situation de celui-ci
» vis-à-vis des puissances est changée entièrement'. Elle con-
» clut que 'l'intérêt que les gouvernements avaient à un con-
» clave s'était par là singulièrement accru et avait donné à leur
» droit d'immixtion une base d'autant plus solide'.

»   Ces conséquences sont aussi peu justifiées que les pré-
» misses sont mal fondées. La haute importance de cette dé-
» pêche et la conclusion qu'on peut en tirer, sur les principes
» qui guident la chancellerie allemande dans la manière de
» traiter les affaires ecclésiastiques, donnent à l'épiscopat alle-
» mand le droit et lui font un devoir d'opposer, dans l'intérêt
» de la vérité, une déclaration publique aux données erronées
» contenues dans cette dépêche.

»   Cette dépêche prétend que les décisions du concile du
» Vatican entraînent les conséquences suivantes :

»   Le Pape peut s'arroger dans chaque diocèse les droits
» épiscopaux et substituer son pouvoir papal au pouvoir épisco-
» pal.

»   La juridiction épiscopale est absorbée par la juridiction
» papale.

»   Le pape n'exerce plus, comme par le passé, certains
» droits réservés, déterminés, mais il est dépositaire du pouvoir
» épiscopal plein et entier.

»   Le pape remplace, en principe, chaque évêque indivi-
» duellement.

»   Il ne dépend que du pape de se mettre dans la pratique et
» à tout moment à la place de l'évêque vis-à-vis des gouverne-
» ments.

»   Les évêques ne sont plus que les instruments du Pape,
» ses fonctionnaires sans responsabilité propre.

»   Les évêques sont devenus, vis-à-vis des gouvernements,
» les fonctionnaires d'un souverain étranger, et à la vérité d'un
» souverain qui, en vertu de son infaillibilité, est un souverain
» parfaitement absolu, plus que n'importe quel monarque absolu
» du monde.

»   Toutes ces thèses manquent de fondement et sont en
» contradiction certaine avec le texte et le sens des décisions
» du Concile du Vatican, texte et sens publiés et déclarés par

» le Pape, l'épiscopat et les représentants de la science catho-
» lique.

»   Sans doute les décisions du Concile portent que le pou-
» voir de juridiction ecclésiastique du Pape est : *potestas supre-*
» *ma, ordinaria et immediata*, une suprême puissance de gou-
» vernement donnée au Pape par Jésus Christ, Fils de Dieu,
» dans la personne de saint Pierre, qui s'étend directement sur
» l'Eglise tout entière, par conséquent sur chaque diocèse et
» sur tous les fidèles, afin de conserver l'unité de la foi, de la
» discipline et du gouvernement de l'Eglise, et nullement une
» simple attribution consistant seulement en quelques droits
» réservés.

»   Mais ce n'est point là une nouvelle doctrine, c'est une
» vérité reconnue de la foi catholique et un principe connu du
» droit canon, une doctrine récemment expliquée et confirmée
» par le Concile du Vatican, d'accord avec les décisions des
» Conciles œcuméniques antérieurs, contre les erreurs des gal-
» licans, des jansénistes et des fébroniens. D'après cette doc-
» trine de l'Eglise catholique le Pape est évêque de Rome, mais
» non évêque d'un autre diocèse ni d'une autre ville ; il n'est
» ni évêque de Breslau, ni évêque de Cologne, etc.. Mais en sa
» qualité d'évêque de Rome, il est en même temps Pape, c'est-
» à-dire le pasteur et le chef suprême de l'Eglise universelle,
» chef de tous les évêques et fidèles, et son pouvoir papal doit
» être respecté et écouté partout et toujours, et non pas seule-
» ment dans des cas d'exception déterminés [44]). Dans cette
» position, le Pape doit veiller à ce que chaque évêque rem-
» plisse son devoir dans toute l'étendue de sa charge. Si un
» évêque en est empêché, ou si un besoin quelconque s'en fait
» sentir, le Pape a le droit et le devoir, non en sa qualité d'évê-
» que du diocèse, mais en celle de Pape, d'ordonner tout ce qui
» est nécessaire pour l'administration du diocèse. Jusqu'à pré-
» sent, tous les Etats européens ont reconnu ces droits ponti-
» ficaux comme faisant partie de la constitution de l'Eglise ca-
» tholique. Dans leurs négociations avec le Saint-Siège ils ont
» toujours considéré le Pape comme le véritable chef de toute

[44]) Le texte allemand est le suivant: « ... und sein päpstliche Gewalt lebt
nicht etwa in bestimmten Ausnahmefällen erst auf, sondern sie hat immer und
allezeit und überall Geltung und Kraft ».

» l'Eglise catholique, des évêques aussi bien que de tous les
» fidèles, et non point comme le simple dépositaire de certains
» droits réservés.

»   Les décisions du concile du Vatican ne fournissent pas
» l'ombre d'un prétexte à prétendre que le Pape est devenu par
» elles un souverain absolu, et en vertu de son infaillibilité, un
» souverain parfaitement absolu plus que n'importe quel mo-
» narque absolu du monde.

»   D'abord, *le domaine de la puissance ecclésiastique du*
» *Pape est essentiellement différent de celui sur lequel s'étend*
» *la souveraineté temporelle des monarques* ; aussi les catho-
» liques ne contestent nullement l'*entière souveraineté* de leur
» prince *sur le terrain civil.* Abstraction faite de tout cela, on
» ne peut pas non plus appliquer au Pape la qualification de
» *monarque absolu en matière ecclésiastique* ; parce que lui-
» même est *soumis* au droit divin, et il est *lié* aux dispositions
» tracées par Jésus Christ à son Eglise. *Il ne peut pas modifier*
» *la constitution donnée à l'Eglise par son divin Fondateur,*
» comme un législateur temporel peut modifier la constitution
» de l'Etat. La constitution de l'Eglise est basée dans tous ses
» points essentiels sur une ordonnance divine et demeure hors
» de l'atteinte de l'arbitraire humain. C'est en vertu de cette
» même institution divine, sur laquelle repose la Papauté, que
» l'épiscopat est établi. *Lui aussi a ses droits et ses devoirs en*
» *vertu de cette institution, donnée par Dieu même, que le Pape*
» *n'a ni le droit ni le pouvoir de changer.* C'est donc *une erreur*
» *complète* de croire que par les décisions du Concile du Vati-
» can *la juridiction papale absorbe la juridiction épiscopale,* que
» le Pape a *remplacé en principe individuellement chaque évê-*
» *que,* que les évêques ne sont plus *que les instruments du*
» *Pape,* et ses fonctionnaires *sans responsabilité propre.* D'après
» la constante doctrine de l'Eglise, telle que le Concile du Va-
» tican l'a du reste expressément déclarée, les évêques ne sont
» pas de simples instruments du Pape et ne sont pas des fonc-
» tionnaires pontificaux sans responsabilité personnelle, mais
» *institués par le Saint-Esprit·et mis à la place des apôtres ils*
» *paissent et régissent, en leur qualité de vrais pasteurs, les trou-*
» *peaux qui leur ont été confiés.*

»   De même que pendant les dix-huit siècles antérieurs de
» l'histoire de l'Eglise, la primauté du Pape, placé à côté et

» au-dessus de l'Episcopat également institué par Jésus-Christ,
» en vertu d'une investiture divine, a constamment **existé dans**
» l'organisme de l'Eglise et a travaillé à son salut ; ainsi en sera-
» t-il à l'avenir.

»   Et de même que le droit qu'a eu, en tous temps, le Pape
» d'exercer dans tout le monde catholique sa puissance ecclé-
» siastique de gouvernement, n'a point conduit à rendre illu-
» soire l'autorité des évêques ; ainsi la définition nouvelle de
» l'ancienne doctrine catholique n'autorise pas davantage cette
» crainte pour l'avenir. N'est-il pas notoire que, depuis le con-
» cile, tous les diocèses du monde ont été gouvernés et admi-
» nistrés par leurs évêques de la même manière que par le
» passé ?

»   En ce qui concerne l'affirmation que les évêques sont de-
» venus par suite des décisions du Concile du Vatican des fonc-
» tionnaires pontificaux sans responsabilité personnelle, nous
» pouvons hardiment la démentir. Ce n'est pas dans l'Eglise
» catholique qu'est admis le principe immoral et despotique que
» l'ordre d'un supérieur dégage sans restriction la responsabi-
» lité personnelle.

»   Enfin, l'assertion que le Pape est devenu, en vertu de son
» infaillibilité, un souverain *parfaitement absolu*, repose sur une
» idée complètement fausse du dogme de l'infaillibilité papale.
» Comme le Concile du Vatican l'a déclaré en termes clairs et
» nets, et comme cela résulte de la nature même de la chose,
» l'infaillibilité n'appartient exclusivement qu'au suprême pou-
» voir *d'enseignement* du Souverain Pontife, et ce pouvoir
» s'étend exactement sur le même domaine que l'infaillible
» enseignement de l'Eglise, et il est *lié au contenu de la sainte*
» *Ecriture et à la tradition*, aussi bien *qu'aux décisions doctri-*
» *nales données antérieurement par l'enseignement de l'Eglise.*

»   Ainsi dans l'exercice *du pouvoir du Pape absolument*
» *rien n'a été changé*. Et par conséquent l'opinion que la posi-
» tion du Pape par rapport à l'épiscopat a été altérée par les
» décisions du Concile du Vatican, apparaît comme *complète-*
» *ment erronée.* Il en résulte que la conséquence tirée de cette
» hypothèse, par laquelle on prétend que la position du Pape
» par rapport aux gouvernements a été altérée par ces mêmes
» décisions, *perd également toute base et tout appui.*

»   Nous ne pouvons pas nous empêcher d'exprimer notre

» regret profond en voyant que, dans la dépêche circulaire, la
» chancellerie impériale a uniquement formé son jugement sur
» les affaires catholiques d'après les affirmations et les hypo-
» thèses de quelques ex-catholiques ouvertement rebelles à l'au-
» torité de l'épiscopat tout entier, et au Saint-Siège, ainsi que
» d'après celles d'un certain nombre de docteurs protestants.
» Ces affirmations et ces hypothèses ont été expressément re-
» poussées et réfutées à maintes reprises par le Pape et par
» les évêques, ainsi que par les théologiens et canonistes catho-
» liques.

»   En notre qualité de représentants légitimes de l'Eglise
» catholique dans nos diocèses, nous avons le droit de demander
» que l'on nous écoute du moment qu'il s'agit d'une apprécia-
» tion des principes et des doctrines de l'Eglise, et, tant que nous
» conformons nos actions à ces principes et à ces doctrines,
» on doit nous accorder créance.

»   En rectifiant par la présente déclaration l'exposition erro-
» née de la doctrine catholique et les conclusions également er-
» ronées qu'en tire la dépêche circulaire de M. le Chancelier,
» nous ne sommes nullement disposés à discuter les déductions
» ultérieures de cette dépêche relativement au futur conclave.

»   Nous croyons pourtant de notre devoir de protester haute-
» ment et solennellement contre cette tentative d'attaque à la
» pleine liberté et à l'indépendance de l'élection du chef de
» l'Eglise catholique. Nous faisons observer *qu'il n'appartient*
» *qu'à l'autorité de l'Eglise* en tout temps de se prononcer sur
» la validité d'une élection papale, et qu'à la décision de l'Eglise,
» les catholiques de toutes les nations, et de l'Allemagne aussi,
» se soumettront sans réserve ».

Suivent les signatures des vingt-trois prélats.

B. *LA LETTRE APOSTOLIQUE DE PIE IX*

La *Déclaration* à peine rendue publique, Pie IX l'approuve par
une *Lettre apostolique* datée du 2 mars, en des termes qui ne laissent
aucun doute sur sa pensée. En voici la traduction française, reprise
également des *Oeuvres complètes* du cardinal Dechamps [45].

[45] *O. c.*, t. XII, p. 140-142. Le texte latin se trouve dans *Irénikon*, 1956,
p. 148-149.

Pie IX Pape

Vénérables frères, salut et bénédiction apostolique

«   L'admirable fermeté d'âme qui, dans le combat pour la
» défense de la vérité, de la justice et des droits de l'Eglise, ne
» craint ni la colère des puissants, ni leurs menaces, ni la perte
» des biens, ni même l'exil, la prison et la mort, et qui a été
» la gloire de l'Eglise du Christ dans les siècles passés, est tou-
» jours restée depuis lors son caractère distinctif, et la preuve
» évidente qu'en cette église seule se trouve la vraie et noble
» liberté dont le nom retentit aujourd'hui partout, mais qu'en
» réalité on ne rencontre nulle part.

»   Cette gloire de l'Eglise, vous l'avez de nouveau main-
» tenue, Vénérables Frères, lorsque vous avez entrepris d'ex-
» poser le véritable sens des décrets du Concile du Vatican,
» artificieusement dénaturé dans une circulaire qui a été ren-
» due publique, et que vous avez ainsi empêché que les fidèles
» ne s'en forment de fausses notions, et qu'une odieuse fal-
» sification ne donne occasion d'entraver la liberté du choix
» d'un nouveau Pontife.

»   Votre déclaration collective se distingue tellement par sa
» clarté et son exactitude qu'elle ne laisse rien à désirer, qu'elle
» a été pour Nous la cause d'une grande joie, et qu'il n'est nul
» besoin que Nous y ajoutions quelque chose. Mais les asser-
» tions mensongères de certaines feuilles périodiques exigent
» de Nous un témoignage plus solennel de notre approbation,
» car afin de maintenir les assertions par vous réfutées de la sus-
» dite circulaire, elles ont eu l'audace de refuser d'ajouter foi
» à vos explications, prétextant que votre interprétation des
» décrets du Concile n'était qu'une interprétation adoucie, et
» qu'elle ne répondait aucunement aux intentions de ce Siège
» Apostolique.

»   Nous réprouvons de la manière la plus formelle cette sup-
» position perfide et calomnieuse. Votre déclaration donne la
» pure doctrine catholique, et par conséquent celle du saint
» Concile et de ce Saint-Siège, parfaitement établie et clairement
» développée par des arguments évidents et irréfutables, de
» façon qu'elle démontre pour tout homme de bonne foi que,
» dans les décrets incriminés, on ne trouve absolument rien

» qui soit nouveau ou qui change quelque chose aux relations
» ayant existé jusqu'à présent, ou qui pourrait fournir un pré-
» texte pour opprimer plus encore l'Eglise ou entraver l'élection
» d'un nouveau pontife.

» En ce qui concerne ce dernier point, vous avez (Nous ne
» voulons point le passer sous silence) vous avez agi avec une
» prudence toute particulière, alors que, sans entrer dans aucune
» digression, vous déclarez solennellement que vous rejetez à
» l'avance tout ce qui pourrait gêner en quelque manière la libre
» élection du chef de l'Eglise, et vous affirmez nettement que
» c'est seulement à l'autorité de l'Eglise qu'il appartient de dé-
» cider de la validité de l'élection accomplie.

» Cette terrible tempête qui, dans le monde entier, attaque
» et accable l'Eglise, la maîtresse de la vérité, ne peut être
» attribuée à d'autres causes qu'aux *erreurs* que l'éternel en-
» nemi de Dieu et des hommes répand partout afin de tout bou-
» leverser. Et puisque c'est *contre l'erreur*, cette source de tous
» les maux, que nous devons diriger nos armes, continuez donc,
» Vénérables Frères, *de la signaler et de la combattre*, quel que
» soit le masque sous lequel elle puisse se cacher, comme vous
» l'avez déjà fait par votre excellente déclaration.

» Il est impossible, en effet, que ceux dont l'intention est
» droite ne soient point éclairés par les rayons de la vérité, alors
» surtout que votre noble constance leur donne un nouvel éclat.
» L'erreur, au contraire, une fois mise au jour et réfutée avec
» autant de force, ne peut échapper à sa ruine finale.

» Puisse la divine miséricorde accorder bientôt cette grâce
» à l'Eglise opprimée et au monde ; et puissiez-vous en trouver
» un signe avant-coureur dans la Bénédiction Apostolique que
» Nous donnons, comme gage de notre affection toute particu-
» lière et du plus profond de Notre cœur, à chacun de vous,
» Vénérables Frères, et à tous vos diocésains.

» Donné à Rome, près Saint-Pierre, le 2 mars de l'année
» 1875, la vingt-neuvième de Notre Pontificat ».

Pie IX, Pape.

Deux semaines plus tard, à l'occasion d'une allocution consisto-
riale, Pie IX faisait une nouvelle fois allusion à la *Déclaration de
l'épiscopat allemand*, en des termes tout aussi indiscutables [46]).

[46]) Voici d'après *Irénikon*, 1956, p. 150, le passage de cette allocution con-
sistoriale qui nous intéresse: « Nuper enim in extera regione quibusdam scriptis
in publicam lucem vulgatis, quibus Vaticani Concilii decreta in laevam partem
detorquebantur, id spectabatur, ut in successoribus Nostris eligendis Senatus
vestri libertas violaretur, atque ut in ea re, quae tota ordinis ecclesiastici est, magna
pars civili potestati tribueretur. At Deus misericors, qui praeest et consulit Ecclesiae suae, provide effecit, ut fortissimi atque spectatissimi Germanici imperii episcopi illustri declaratione edita, quae in Ecclesiae fastis memorabilis erit, erroneas
doctrinas et cavillationes hac occasione prolatas sapientissime refellerent, et
nobilissimo tropheo veritati erecto, Nos et universam ecclesiam laetificarent.
Dum autem amplissimas laudes coram vobis et Catholico orbe praedictis Episcopis universis ac singulis tribuimus, praeclaras eas declarationes et protestationes,
ipsorum virtute, gradu ac religione dignas, ratas habemus, easque Apostolicae
Auctoritatis plenitudine confirmamus.

CONCLUSION

Le Concile du Vatican a défini que la juridiction pontificale *in omnibus et singulis pastoribus et fidelibus* est épiscopale, ordinaire et immédiate ; et, par ordinaire, il entendait que cette juridiction appartient au Souverain Pontife *ratione muneris*. Le texte final de la constitution *Pastor aeternus* affirme aussi, et de façon non équivoque, que tout ce qui est dit de la juridiction universelle du pontife Romain ne fait pas et ne peut faire obstacle à l'exercice de la juridiction des évêques, *veri pastores*, qui est également, dans le diocèse qu'ils gouvernent, *episcopalis, ordinaria* et *immediata*. Les explications de Mgr Zinelli au nom de la Députation de la Foi, l'introduction du paragraphe *Tantum autem abest* dans le texte de la Constitution, sont décisives à ce sujet. La Lettre de Pie IX approuvant les déclarations de l'épiscopat allemand, en 1875, confirme, s'il en était encore besoin, ces constatations.

Sur la façon de coordonner ces deux juridictions, pontificale et épiscopale, lorsqu'elles s'exercent en une même Eglise particulière, la Constitution dogmatique ne contient aucune explication, aucun terme. Mais l'histoire des débats montre avec assez de clarté quelle était la pensée de la majorité des Pères et ce qu'ils n'ont certainement jamais eu l'intention de définir.

Unanimement, les Pères sont d'accord pour estimer qu'on ne peut exprimer à la manière et au sens de Tamburini ou Eybel, à savoir par le terme *extraordinarie*, la norme d'intervention pontificale dans un diocèse particulier. Unanimement, et donc aussi chez les membres de la minorité. Sans doute, certains Pères parlèrent d'intervention extraordinaire ou de pouvoir extraordinaire, et proposèrent même d'introduire le terme *extraordinaire* dans la Constitution *De Ecclesia*. Mais leur propos intérieur n'est pas celui des Tamburini et Eybel. Ce qui n'est pas *ordinaire*, disent-ils, il faut bien

l'appeler *extraordinaire*. Ici, *extraordinaire* signifie *non-ordinaire*,
autre que *ordinaire*. Le terme *extraordinaire*, ils le pensent *negative*,
et pas *exclusive*.

Unanimement aussi, - la minorité avec netteté et vigueur doctrinale, la majorité avec une confiance plus manifestée dans la modération du Saint-Siège - les Pères rejettent l'idée que le pontife
Romain interviendrait dans leur diocèse *ordinarie*, à leur manière à
eux, pour le gouvernement quotidien, habituel, ordinaire de tout le
diocèse. Considérée selon ce mode d'exercice, la juridiction « habi-
tuelle » sur une Eglise particulière leur appartient en propre et, en
un certain sens, exclusivement, mais toujours, certes, sous l'autorité suprême du Pontife romain. Avant le vote final, Mgr Zinelli a
déclaré que c'est bien ainsi que l'entendait la Députation de la
Foi : « ... si Summus Pontifex... se ut ita dicam multiplicaret, et
quotidie, nulla habita ratione episcopi, ea quae ab hoc sapienter
determinarentur, destrueret : uteretur, non in aedificationem, sed in
destructionem, sua potestate. » (Mansi, 52, 1105CD). Ce serait user
d'une prérogative pontificale *in destructionem*.

L'ensemble des Pères, majorité comme minorité, considère
comme allant de soi que l'exercice de la juridiction pontificale dans
un diocèse ne peut être arbitraire, et donc, en ce sens, doit obéir à
certaine norme. Ici, la variété des points de vue, si elle ne clarifie pas
toujours la doctrine autant qu'on pourrait le désirer - mais est-il possible de parvenir à une précision plus grande ? - témoigne au moins
en faveur de l'unanimité de la conviction commune. Déterminations négatives et règles positives sont proposées. Pas *arbitrairement*,
pas *inopportune*, ni *regulariter*, ni *ultra modum* ; mais lorsque la
raison d'être de la primauté est en jeu : *salus, unitas* ; ou lorsque
l'intervention s'impose : *ecclesiae necessitas, evidens utilitas*.

Mais peut-on parler de normes, de critères, lorsqu'il est question de l'exercice de la juridiction pontificale dans un diocèse particulier ? De ce point de vue, les Pères du Concile n'ont pas abouti
à une formulation tout à fait précise. Certes, les Pères de la Députation de la Foi évitèrent qu'on parlât des *limites* de la juridiction
pontificale et refusèrent d'insérer dans les décrets conciliaires un

terme qui exprimât de quelque façon une limite. Ils voulaient pré-
venir à jamais tout renouveau de gallicanisme, de quelque couleur
qu'il fût, et, de ce point de vue, ils ont pleinement réussi. Par
ailleurs, les Pères de la Députation ont toujours reconnu également
que tout ce qui est de droit divin est à respecter intégralement, et
que les droits et prérogatives de l'épiscopat, étant de droit divin, ne
peuvent être supprimés :

« nemo sanus dicere potest, aut papam aut concilium oecume-
» nicum posse destruere episcopatum caeteraque iura divina
» in ecclesia determinata. » (Mansi, 52, 1114D).

Mais dire que l'exercice de la juridiction universelle du Pape ne
peut détruire l'épiscopat, etc. c'est exprimer, avec ou sans le mot,
une certaine forme de limitation, de détermination. On peut user de
la juridiction « in destructionem », disait Mgr Zinelli lui-même. La
structure de l'Eglise voulue par le Christ s'impose à tous les organes
de la hiérarchie et en fixe la nature, les prérogatives et les fron-
tières :

« Ex omnibus his fontibus revelationis apparet, Petro et eius
» successoribus datam fuisse vere plenam eamque supremam
» in ecclesia potestatem, scilicet plenam ita ut coarctari non
» possit ab // ulla potestate humana ipsa superiore, sed a iure
» tantum naturali et divino. » (Mansi, 52, 1108D-1109A).

Soulignons, - ce texte est repris au rapport ultime de Mgr Zinelli -
le « coarctari... iure divino », qui inclut donc bien l'idée d'une certaine restriction.

La difficulté s'explique par le caractère unique et complexe de
l'autorité visible dans l'Eglise du Christ. En effet, à qui pose la
question de savoir qui jouit de la juridiction ecclésiastique plénière
et suprême dans l'Eglise, il faut répondre, explique Mgr Zinelli :

« Concedimus lubenter et nos in concilio oecumenico sive in
» episcopis coniunctim cum suo capite supremam inesse et
» plenam ecclesiasticam potestatem in fideles omnes : utique
» ecclesiae cum suo capite coniunctae optime haec congruit.
» Igitur episcopi congregati cum capite in concilio oecumenico,

» quo in casu totam ecclesiam repraesentant, aut dispersi, sed
» cum suo capite, quo casu sunt ipsa ecclesia, vere plenam
» potestatem habent. » (Mansi, 52, 1109C).

Idée qu'il résume un peu plus loin, en conservant parfaitement le
double élément de réponse :

« Nos admittimus vere plenam et supremam potestatem existere
» in summo pontifice veluti capite, et eamdem vere plenam et
» supremam potestatem esse etiam in capite cum membris co-
» niuncto, scilicet in pontifice cum episcopis, salvo semper et
» inconcusso quod prius admonuimus. » (Mansi, 52, 1110A).

On comprend aisément dès lors comment il est possible, concernant
la juridiction pontificale, d'abord de s'opposer absolument à toute
idée de « limite », puisque le Pape lui-même possède la plénitude
du pouvoir suprême, et ensuite de déclarer que la juridiction papale
est « limitée » par tout ce qui est de droit divin - *coarctari iure divino* - et notamment par l'épiscopat, les évêques étant, de droit
divin, pasteurs propres de leurs diocèses respectifs.

Or, pour caractériser ce qui est « propre » à l'évêque, les Pères
du Concile se sont régulièrement servis du terme « ordinaire » - *ordinarius, ordinarie* - non point au sens canonique de *adnexum officio*, mais au sens des activités et des occupations habituelles, quoti-
diennes, courantes, de chaque jour. L'histoire des débats conciliaires
en fournit la preuve évidente. Et le vote final confirme en une certaine mesure cette constatation, puisque Mgr Zinelli a déclaré aux
Pères que le terme *ordinaria* proposé à leur approbation devait être
pris au sens canonique de *adnexum muneri*, sens qui, lui, ne faisait
aucune difficulté.

Mais ni l'Assemblée conciliaire ni la Députation de la Foi n'ont
suggéré un vocable qui puisse former une alternative acceptable
avec le terme *ordinarius* et déterminer ainsi ce qui, de droit divin,
constitue une *coarctatio* légitime de l'exercice de la juridiction pontificale dans un diocèse particulier. Le principe a été rappelé, et
nettement : *coarctatio iure divino* ; mais l'expression concrète de
cette *coarctatio*, en alternative avec *ordinarie*, n'a pas trouvé de
formulation. Il y avait pourtant, dans le droit canonique, une for-

mule assez courante et traditionnelle. La juridiction pontificale s'exerce dans un diocèse particulier, y dit-on, « in peculiaribus adiunctis » (terme *positif* pour signifier *non-ordinarie*), en ajoutant que le Saint-Siège est seul juge de l'opportunité de telle intervention, « de cuius opportunitate Sancta Sedes iudicat ». « In peculiaribus adiunctis » : une situation particulière, une difficulté spéciale, des circonstances présentant un caractère spécial, « inhabituel ». Les termes *spécial* ou *inhabituel*, ainsi compris en alternative avec *ordinarie*, ont évidemment le grand avantage de maintenir assez heureusement les prérogatives de droit divin de l'épiscopat. *Spécial* par ailleurs n'inclut aucun élément d'ordre quantitatif : des circonstances spéciales, appelant l'intervention d'une instance supérieure, peuvent se présenter, soit très rarement, soit à de nombreuses reprises ; il n'a donc pas du tout le sens de *extraordinaire*. Le terme *spécial* répond ainsi assez adéquatement à l'erreur visée par le Concile, l'*extraordinaire* exclusif et limitatif de Tamburini et Eybel. Certes, cette norme demeure *indéterminée*. Elle est moins « colorée », si l'on peut dire, que *salus, unitas, necessitas, evidens utilitas*. Elle est toujours susceptible d'être interprétée en un sens large ou étroit, et permet des interventions nombreuses *ratione opportunitatis* de la part de l'instance supérieure. Mais il en est ainsi de toute norme. Et sans doute les théologiens pensent-ils obvier à ces inconvénients inévitables, en rappelant à toute juridiction supérieure qu'elle est « chrétienne » par définition, et donc se doit d'être exercée selon l'esprit du Christ, qui est fait d'humilité, de désintéressement, de service, de charité.

* * *

A ceux qui estimeraient que ces déterminations conciliaires n'apportent rien à la question qui nous occupe, on pourrait concéder tout d'abord que, de fait, le concile n'a pas créé du neuf dans la théologie courante et que tel n'est d'ailleurs point la raison d'être normale d'une assemblée conciliaire. Cependant, la prise de position dogmatique des Pères apparaîtrait sans doute dans une lumière plus favorable si elle était présentée dans les perspectives d'une théologie de l'épiscopat plutôt que dans celles d'une théologie de la papauté. Je m'explique. Les décrets conciliaires du Vatican ont été élaborés en fonction de la primauté et de l'infaillibilité papales, si bien que les prérogatives épiscopales n'ont pu être mises dans tout leur relief. Il en est ainsi de toute synthèse : elle éclaire avant tout la donnée autour de laquelle elle a été construite. Dans une perspective « pontificale », les doctrines définies au Vatican se résumeraient comme suit : Le Pontife romain jouit d'une juridiction universelle - épiscopale, ordinaire et immédiate - sur tous les pasteurs et tous les fidèles, collectivement et individuellement, bien que son exercice ne puisse faire obstacle - *officere* - à la juridiction de chaque évêque, laquelle est également épiscopale, ordinaire et immédiate. En reprenant les mêmes doctrines, mais dans une synthèse « épiscopale », on en verrait beaucoup mieux toute la portée. On aboutirait à une conclusion de ce genre : Les évêques jouissent, dans leur diocèse, d'un pouvoir de juridiction « épiscopal », « ordinaire » et « immédiat », dont l'exercice « ordinaire » (au sens de *habituel*) leur est propre et exclusif. Ce pouvoir est certes intrinsèquement subordonné à la primauté universelle du pontife romain, lequel peut intervenir, soit par des lois universelles intéressant le bien général de l'Eglise, soit par des interventions particulières lorsque des circonstances spéciales se présentent en un diocèse et appellent l'intervention d'une instance supérieure. Mais ces interventions, du fait qu'elles concernent une Eglise particulière, ne peuvent en aucun cas porter atteinte - *officere* - à l'intégrité de l'autorité dont l'évêque est revêtu de droit divin.

Même les motifs d'intervention pontificale - *salus, bonum, unitas, necessitas, evidens utilitas* - pourraient être présentés dans une perspective « épiscopale ». En effet, à lire les auteurs, il semblerait que l'utilité de l'Eglise, son bien, son salut, ses nécessités appellent toujours un exercice plus étendu de la juridiction papale et donc une centralisation croissante. Or, de soi, et en principe, il pourrait en être autrement. L'utilité, le bien, les nécessités de l'Eglise peuvent tout aussi bien appeler une diminution des interventions pontificales et donc un mouvement de décentralisation. Une ecclésiologie centrée sur l'épiscopat pourrait faire valoir les mêmes principes qui justifient les interventions pontificales, mais dans un tout autre sens. Ainsi, l'on pourrait se demander, étant donné la situation historique de l'Eglise au XXe siècle, si le *salut* de l'Eglise n'appellerait pas, de fait, une autonomie plus grande de tout l'épiscopat ? si le *bien* actuel de l'Eglise universelle ne s'accommoderait pas d'un certain mouvement de décentralisation administrative ? si les *nécessités* présentes de l'Eglise n'appellent pas un renforcement des prérogatives épiscopales ? si l'*utilité* même de l'Eglise d'aujourd'hui ne demanderait pas certaines déclarations en faveur de la variété et de la pluralité des rites, des coutumes, des constitutions canoniques ? Une nouvelle fois, il ne faut pas reviser les principes, mais veiller à les appliquer *aussi* à une ecclésiologie élaborée dans des perspectives épiscopales. Les principes restent les mêmes, ils sont immuables ; leur application peut être différente selon les circonstances qui se présentent de fait.

Considérée ainsi, la pensée des Pères du Concile acquiert une importance incontestable. Et, à parler franchement, il ne sera guère facile d'apporter beaucoup de précisions nouvelles au problème théologique que pose la coexistence de la juridiction pontificale et de la juridiction des évêques. Ce qui serait utile et précieux, c'est une systématisation des données conciliaires, et de la théologie courante, élaborée du point de vue de l'épiscopat, à partir des pouvoirs de l'évêque. Cela, le premier Concile du Vatican ne pouvait le réaliser, pour de multiples raisons - il n'en eut pas le temps d'ailleurs - et c'est peut-être par là que le second Concile du Vatican pourra rendre un service précieux à l'ecclésiologie, à l'œcuménisme, à l'Eglise et à l'unité des chrétiens [47]).

---

[47]) Sur les droits et privilèges des patriarches et des orientaux en général, le Concile du Vatican n'a pas voulu intervenir, du moins directement. Mgr Zinelli, à maintes reprises, a déclaré que la Constitution *Pastor aeternus* était dogmatique et visait uniquement à déterminer les prérogatives pontificales et épiscopales qui sont de droit divin; or, comme les privilèges des patriarches ne sont pas de droit divin, il n'y avait pas lieu, disait-il, d'en faire mention. A parler strictement, le Concile du Vatican ne s'est donc pas occupé de cette question.

Du moins pas directement. Car en rappelant que les privilèges des patriarches

sont de droit ecclésiastique, le Rapporteur de la Députation de la Foi entendait
dire qu'ils ne sont pas absolument immuables et que le Souverain Pontifie avait
sur eux, comme sur toute discipline relevant du droit ecclésiastique, un pouvoir
radical. Comment alors un Pape peut-il garantir aux patriarches qu'ils garderont
leurs privilèges ? A ce sujet, les discussions du Concile du Vatican apportent un
élément positif. Les lois ecclésiastiques, déclarait Mgr Zinelli, ne s'imposent pas
au Pape, Législateur suprême, *per coactionem*, mais *per vim directivam*. Le Pape,
dit-il, ne peut:

> « omnes canonicas sanctiones sapienter et sancte ab apostolis et ecclesia
> » emanatas susque deque evertere, quasi omnis theologia moralis non clami-
> » tet legislatorem ipsum subiici quoad vim directivam, non quoad coactivam,
> » suis legibus... » (Mansi, 52, 1109A).

On pourrait ajouter que, dans le cas des privilèges et coutumes des patriarches,
les déclarations des Conciles et des Papes sont à ce point solennelles, graves et
répétées, que l'on verrait difficilement — hormis le cas où les circonstances historiques auraient entièrement transformé la condition de l'Eglise — les raisons ma-
jeures qu'un Pape pourrait faire valoir, pour refuser de suivre ces indications
« directives » du droit ecclésiastique.

INDEX DES MATIÈRES

IMPRIMATUR

Lovanii, die 11ᵃ Februarii 1961,

† H. van Waeyenberg,

ep. Gilben., Rector Univ. deleg.